한국기업 이렇게 변해야 산다!
한국경제 초불황 돌파 지침서!

비상경영

세계 9대 컨설팅사 긴급처방

한국경제신문 기획부
한국컨설팅협회   공동기획

한국경제신문

Copyright ⓒ 2001, 한경BP

이 책은 한국경제신문 한경BP가 발행한 것으로
본사의 허락없이 임의로 이 책의 일부 또는
전체를 복사하거나 전재하는 행위를 금합니다.

추천사

　시장경제에서 기업은 부와 가치를 창출하여 국민경제를 담당하는 주역(主役)이다. 그리고 기업의 최고경영자는 세계경제의 불확실성과 글로벌 무한경쟁의 거센 파도를 헤쳐나가는 선장(船長)과 같다. 또 기업을 합심해서 운영하는 근로자들과 임직원들은 선박의 항해를 위해 결정적인 역할을 하고 있다.

　우리 기업은 과거 수십년 동안 외형 중시 경영을 하여 왔으며, 기업이익을 도외시하고 무절제한 차입에 의존해온 것이 사실이다. 그 결과는 기업의 부실, 금융기관의 도산, 외환부족으로 인한 국제부도라는 참담한 IMF 사태를 유발하게 된 것이다

　이제 우리는 이와 같은 기업경영 행태를 과감히 벗어 던지고 글로벌 기준에 맞는 선진형 기업경영을 추구해야 한다. 이를 위해 「국민의 정부」는 기업부문 개혁을 부단하게 추진해왔으며, 그 결과 기업지배구조와 투명성이 개선되고, 수익 위주의 내실경영이 크게 확산되어 기업신용도가 올라가는 등 개혁의 성과가 나타나고 있다.

　이 책은 세계 9대 컨설팅사에 종사하는 전문가들이 세계적인 넓은 시각에서 우리 기업경영의 문제점을 지적하고 주옥 같은 경영지침을 제공하고 있다. 기업의 전략, 기획에서부터 인사, 조직, 마케팅, IT, e-transformation에 이르기까지 모든 분야에 있어 새로운 패러다임과 내실 있는 방향 및 해결책을 제시해주고 있다.

지식정보경제시대와 「글로벌 시장(global marketplace)」으로 빠르게 변화하고 있는 세계 환경 속에서 이 책이 우리 기업들의 나아갈 방향을 알려주는 등대와 같은 역할을 해줄 것을 믿어 훌륭한 책으로 추천하고 싶다.

산업자원부 장관

장재식

머리말

세계는 지금 미증유의 변혁기를 맞았다.

뉴욕과 워싱턴의 9. 11 테러를 두고 문명비평가들은 「뉴밀레니엄(새천년)의 진정한 개막」으로 보기도 한다. 변혁의 징조는 상상조차 하기 힘든 형태로 불현듯 다가온다. 구소련 해체 이후 「세계 유일의 슈퍼파워」로 군림해온 미국이 테러로 휘청거리는 것 자체가 대변혁의 서막일지도 모른다.

미국의 테러 전쟁과 맞물려 그 동안 세계경제의 동력원 역할을 해온 글로벌리제이션(세계화) 추세도 전환점을 맞고 있다. 자유무역을 한 단계 업그레이드시키기 위한 뉴라운드의 출범 여부를 놓고 전세계가 조마조마하게 지켜봤던 것도 이 때문이다. 실물경제도 혼미한 상황에 놓여 있다. 전통산업의 세계적인 공급과잉은 해소될 기미를 보이지 않고, 지난 10년 간 세계경제를 견인해온 정보통신(IT) 산업은 아직 불황의 깊은 늪에 빠져 있다.

누구도 이 변혁의 물줄기가 어디로, 어떻게 흘러갈지 장담하지 못한다. 《강대국의 흥망》을 쓴 폴 케네디 같은 사람은 미국 주도의 세계질서가 앞으로 50년은 더 갈 것으로 단언하기도 한다. 하지만 중국의 부상과 일본의 퇴조, 유럽의 독자노선 강화 등 변수는 많다. 10년은 족히 끌 것이라는 테러와의 전쟁도 문명충돌로 이어질지 모른다는 우려를 단지 기우로 치부해버리기엔 그 폭발성이 너무 커보인다.

이런 세계사적인 변화에 한국은 어느 나라보다 민감할 수밖에 없는 처지다. 지난 외환위기 이후 한국은 글로벌리제이션의 가속 페달을 계속 밟아왔다. 산업 측면에서는 IT 주도의 발전을 추구해왔다. 글로벌리제이션과 IT가 접합된 이른바 신경제가 중대고비를 맞고 있는 상황에서 한국이 받는 충격은 당연히 클 수밖에 없다.

한국은 내부적으로도 엄청난 변혁요인을 안고 있다. 특히 불경기에 정권교체기까지 맞물리는 2002년은 불확실성이 극대화되는 시기다.

이런 상황에서 누구보다 가슴을 조이는 이들은 기업하는 사람들이다. 기업이 제일 싫어하는 것이 불확실성이기 때문이다. 지금처럼 수많은 불안요인이 곳곳에 널려 있을 때 외부요인의 변화에 민감해지는 것은 당연하다. 하지만 예측이나 종합적인 분석이 불가능할 정도로 변화무쌍한 상황이라면 바깥세상의 변화에 너무 신경을 곤두세운 채 일희일비하는 것은 부질없는 짓일 것이다. 특히 변화를 주도하기보다는 변화를 수렴할 수밖에 없는 한국의 처지에서는 더욱 그렇다. 한국은 세계흐름에 편승해야 하는 나라다. 시대의 흐름을 우리 의지대로 바꿀 만한 힘을 가진 나라는 아니다. 기업은 더욱 그렇다. 주어진 상황에 맞춰 그때 그때 기민하게 대응하고 적응하는 것이 상책이다.

이런 관점에서 보면 지금 우리 기업들이 진력해야 할 과제는 한 갈래로 요약된다. 어떤 환경에서도 생존할 수 있는 전천후 생존능력을 기르는 것이다. 세계경제의 빙하기가 오더라도 살아남기 위해선 체질을 근본적으로 바꿔야 한다. 이는 내부혁신을 말한다. 일류 프로 선수일수록 움츠러들기 쉬운 겨울에 기초체력과 기술을 더욱 연마하고 흐트러진 자세를 다듬어 다음 해 우승을 노리듯이, 어려운 시기일수록 기업은 자기점검과 변신을 도모해야 할 것이다.

외국의 일류기업들을 많이 상대해온 컨설턴트들은 한국기업들이 외환위기 이후 많이 달라졌지만 아직 체력훈련을 더 많이, 더 꾸준히 해야 한다고 충고한다.

솔직히 말해 겉으론 글로벌 스탠더드를 외치지만 아직 속속들이 변하지 못한 기업들이 허다하다. 또 무턱대고 미국식 경영을 흉내내지만 나라 밖에서도 통용될 수 있는 「뉴 코리안 스탠더드」단계에 이른 기업은 드물다.

이를테면 일본식 연공서열 시스템은 이제 용도폐기해야 한다고 이구동성으로 합창한다. 그렇지만 미국식 연봉제를 수정 없이 채용하는 것이 능사인지 확신이 서지 않는 어정쩡한 상황이다. 인사관리뿐만이 아니다. 상당수 기업들이 「경영전반에 걸쳐 변해야 산다」는 인식에는 도달했지만 구체적인 해법을 몰라 고민한다.

이 책은 우리 기업들의 이 같은 갈증을 풀어주기 위해 꾸며졌다.

이를테면 『평생직장시대가 가고 평생직업시대가 왔는데 연공서열 시스템을 어떻게 개선해야 하는지, 미국식 개인별 성과급제를 과감하게 도입해야 하는지 확신이 서지 않는다』고 호소하는 기업들이 많다. 이 책은 이에 대해 「한국인의 기질과 사회풍토에 비추어 〈팀별연봉제〉가 적합하다」는 구체적인 처방을 내놓고 있다.

〈한국경제신문〉은 「기업들의 구체적인 고민을 해결하는 데 초점을 맞춘 컨설팅이 절실한 시점」이라고 보고 이 책을 펴냈다.

이 책은 미국식 경영 노하우를 교조적으로 전달하는 컨설팅을 지양했다. 글로벌 스탠더드를 추종하되, 한국의 기업풍토와 기질에 발전적으로 적용되는 「토착 컨설팅」을 구현하기 위해 나름대로 심혈을 기울였다. 이를 위해 컨설팅 업계에서 오랫동안 활동하면서 능력을 인정받아온 「세계 9대 컨설팅사」의 분야별 최고전문가들을 엄선해서 필진을 구성했다. 이들은 세계적인 기준과 관점에서 우리 기업을 진단하되, 처방은 한국인의 원형질까지 감안해서 제시하고 있다. 이 책은 불확실성과 불황이 겹친 전대미문의 변혁기에 기업을 하는 분들에게 필독의 지침서가 될 것이다.

한국경제신문 기획부

이 책을 기획하면서

　세계적인 경제위기 속에서 국가 및 기업들의 해법찾기 노력이 광범위하게 진행되고 있다. 사실 이러한 노력은 지난 100년 동안 지속적으로 이루어져 왔으며 앞으로도 계속될 것이 틀림없다. 그러나 작금의 경제상황은 과거 근대기업 100년의 역사를 합쳐놓은 것만큼이나 복잡한 대내외 요인과 이해관계가 맞물려 있어 경제전망도 쉽지 않고, 경기침체는 그 끝이 보이지 않을 정도다. 우리는 지금 수없이 많은 기업의 퇴출과 몰락사례를 목도하면서, 오늘의 성공한 기업이 결코 내일의 보증수표가 될 수 없다는 사실 또한 깨닫고 있다.

　IMF 체제를 기적과 같이 빠져나오면서 기대를 걸었던 경제회생의 한 가닥 희망은 세계경제의 총체적 위기와 신흥경제 강국의 도전이라는 큰 물살에 휩쓸려가고 있으며, 하루가 멀다 하고 쏟아져 나오는 경제활성화 대책도 기업의 체감경기에는 큰 영향을 미치지 못하고 있는 듯하다.

　이 절박한 시대에 기업의 최고경영진들은 그야말로 사막을 걷는 심정으로 마른 걸레도 다시 짜듯 아끼고 줄여가며 해갈의 오아시스를 찾아 낙타에게라도 길을 묻고 싶어할지 모른다. 그러나 모두가 안 먹고 안 쓰고 누군가가 해결해주기를 기다리거나, 좋은 때가 오기만을 기다리고 있다가는 이 살벌한 경쟁환경에서 생존할 수 없다는 사실을 우리 모두가 알고는 있지만, 그렇다고 선뜻 나서기도 어려운 게 현실이다.

이는 연초부터 거의 모든 언론에서 다룬 경제위기→구조조정→매출 축소→투자위축→경비절감의 논리가 오히려 투자와 소비심리를 위축시켜 기업경영 애로를 가중시키는 결과만을 초래한다는 경제논리를 증명했다.

경제적 불황 때문이든, 또는 시장의 치열한 경쟁 때문이든 간에 기업의 어려움은 상시적으로 있는 것이다. 그런데 똑같은 위기상황 속에서도 마이너스 성장과 부도의 위험에 빠지는 기업이 있는가 하면 지속적 성장을 구가하는 기업이 있고, 불황의 긴 터널을 벗어났을 때 업계의 선두위치가 바뀌는 것을 우리는 여러 번 경험했다.

「호황기엔 매출을 최대화하고 시장과 수요를 늘리는 전략이 필요하고, 침체기엔 기업의 수익성을 분석하여 사업의 포트폴리오를 새로 짜고 선택과 집중을 통한 수익성 극대화 전략이 필요하다」는 교과서적인 컨설팅의 화두를 안고 우리는 〈한국경제신문〉 기획부와 미팅을 갖고 방안을 모색했다. 이에 우리는 새로운 전략을 「특집기획 시리즈」로 연재할 것을 제안했고, 아울러 대기업과 중견기업의 임원을 대상으로 교육 프로그램을 개설하기로 합의했다.

이 과정에서 우리는 기업경영의 핵심분야인 전략과 운영(strategy & operation), 정보와 기술(information technology), 인사와 조직(HR & organization)을 다루었으며 그 초점을 첫째, 현 상황에 대한 정확한 인식, 둘째 기업의 기본역량 충실, 셋째 변화와 수용 등 3대 기준에 맞추었다.

각 컨설팅사들은 이 어려운 시기를 돌파할 경영전략을 찾기 위해 나름대로 최선을 다해 새로운 기법과 적용방안을 도출했다. 그리고 이들

9대 컨설팅사는 어려운 시기에 기업들과 함께 고뇌하고, 해결점을 찾고, 공감대를 형성하자는 데 뜻을 같이했다.

전략(strategy)부문은 보스턴 컨설팅 그룹에서 가치창조경영의 방법과 사례, 그리고 해외기업들의 통계분석자료를 토대로 한국기업의 현상을 조명했으며, 딜로이트 컨설팅은 한국기업의 구조조정 현주소와 리스크 관리에 대해, 베인 & 컴퍼니는 수익성을 동반한 성장전략을 다루었다.

운영(operation)부문은 앤더슨의 전략집중형 조직과 경영에 관한 「전사적 전략경영(strategic enterprise management : SEM)」을, A.T.커니는 단순절감을 넘어서 전체 기업운영에서의 절감효과를 창출하는 차세대 원가절감기법을 국내에 처음 소개했다

정보기술(information technology)부문은 PwC 컨설팅에서 BtoB 환경에서의 기업 대처방안을 메타캐피털리즘으로 적용했고, 액센츄어는 공급자·관리자·고객을 묶어주는 기업의 SCM 전략과 협업중심의 미래에 대해 설명했다.

인사조직(HR & organization)부문은 윌리엄 엠 머서에서 고위임원진 팀제도의 활성화를 통한 기업의 의사결정 및 추진의 효율성을, 타워스 페린은 이미 해외에서 기업가치의 핵심동인으로 평가받는 경영자 인사제도에 대해 다루었다.

이 과정을 통해 기업은 자기 기업의 위치(world map)를 파악하고 어느 부분을 키우고 어디를 줄여야 하는지를 인식했으며, 〈한국경제신문〉의 독자들 또한 컨설팅의 진수를 맛봄으로써 컨설팅 산업의 필요성을 절감하는 좋은 계기가 되었다.

새삼스러운 사실이지만 우리나라의 상당수 기업들은 기존의 경쟁력 있는 사업부문의 집중화도 이루지 못한 채 다각화되었으며, 미처 수익화의 재미도 보기 전에 구조조정이라는 명목하에 사업이 축소되는 시련을 당하고 있다. 이제는 기업들이 새로운 시장, 새로운 시류, 새로운 전략에 지나치게 민감하게 반응해 방향감각을 상실하지 않았으면 한다.

너무 멀리 나간 기업을 다시 돌아오게 하는 데 들어가는 비용은 멀리 나간 만큼 소요된다는 사실을 기억할 때다. 서구의 기업들이 100년 이상의 역사 속에서 겪어온 시행착오를 컨설팅사들이 더 이상 프로젝트로 다루지 않는 때가 속히 오기를 바란다.

이 책의 곳곳에는 글로벌 컨설팅 펌들의 번뜩이는 제시와 날카로운 지적이 곳곳에 녹아 있어, 들여다볼수록 우리를 아프게 하거나 화나게 할지도 모른다. 그러나 두고두고 이 책이 주장하는 화두를 깊이 생각하고 적용하여 기업경영의 시금석이 되었으면 하는 바람이다.

시간이 곧 현금인 분들에게 강의와 원고부탁으로 괴롭힌 것을 이 책으로 갈음하게 해주시고 늘 한국컨설팅협회를 후원하여 주시는 한국경제신문사와 책으로 출간하여 주신 출판법인 한경BP 김경태 사장님께 지면을 빌려 감사드린다.

한국컨설팅협회 상근부회장
정 옥 래

세계 9대 컨설팅사 긴급처방▶▶▶비상경영

Contents

추천사 · 산업자원부 장관 ____ 3

머리말 · 한국경제신문 기획부 ____ 5

이 책을 기획하면서 · 한국컨설팅협회 ____ 9

컨설팅사 소개 ____ 17

Strategy
제1장 전략이 살아야 회사가 산다

1. CEO, 글로벌 마인드로 무장하라 ____ 38
   - 한국 구조조정의 현주소   딜로이트 컨설팅 제임스 루니(부회장)
2. 옛 관행 매달린 CEO가 회사를 망친다 ____ 44
   - 기업위기돌파 처방   보스턴 컨설팅 그룹 이병남(부사장)
3. 잘 달리는 말 비싸게 팔고 새 말 키워라 ____ 52
   - 사업 구조조정 이렇게 하라   베인&컴퍼니 신영욱(이사)
4. 사람으로 리스크를 관리하라 ____ 60
   - 리스크 관리   딜로이트 컨설팅 데이비드 비커리(파트너)
5. 비용 줄일 곳 선별해서 확실히 추진하라 ____ 66
   - 불황기 원가절감 비방   A.T.커니 정인철(부사장)
6. 신속한 통합으로 불안감을 제어하라 ____ 74
   - M&A 후 통합을 위한 효과적 작업단계 및 교훈   보스턴 컨설팅 그룹 서영택(매니저)
7. 가치가 떨어지는 사업은 과감히 정리하라 ____ 86
   - 가치기반의 포트폴리오 구조조정   A.T.커니 서종수(이사)

Human Resources
제2장 창조적 파괴만이 조직을 살린다

1. 미래 리더 육성 프로그램 만들어라 ____102
    - CEO 육성·평가·보상 시스템   타워스 페린 박광서(대표)
2. CEO중심 「개혁주도팀」을 만들어라 ____110
    - 경영진 팀워크를 극대화하라   윌리암 엠 머서 양 백(부사장)
3. M&A의 성공 키워드, HR ____118
    - M&A의 성공을 위한 HR의 전략적 중요성   타워스 페린 박광서(대표)
4. 적절한 보상체계를 구축하라 ____124
    - 총보상 접근법   타워스 페린 박광서(대표)
5. 미래 경쟁력의 주춧돌, 인재관리 ____128
    - 인재관리   윌리암 엠 머서 김성훈(컨설턴트)

Marketing
제3장 발상의 전환으로 먼저 깃발을 꽂는 자가 승리한다

1. VIP에 집중하라 ____142
    - 고액 소매자산관리산업의 대두   보스턴 컨설팅 그룹 박성준(매니저)
2. 대리점 만족시키면 고객 따라온다 ____152
    - 고객을 비즈니스 파트너로 바꿔라   PwC 이성열(부사장)
3. 물건만 좋으면 되는 시대는 갔다 ____160
    - 마케팅과 세일즈를 위한 가치제안   베인&컴퍼니 이성용(부사장)

Contents

System Innovation
제4장 빛보다 빠른 세상, 먼저 변하지 않으면 도태된다

1. 회사를 쪼개 사내우량 벤처로 키워라____172
   - 코포레이트 벤처링   액센츄어 서병도(상무)
2. 성과 따른 차등보상이 전략경영의 출발점____180
   - 전략경영 시나리오   앤더슨 김양환(상무)
3. 내 몸에 맞는 시스템을 도입하라____188
   - 관리회계   앤더슨 왕영호(파트너)
4. 디지털 비즈니스 환경에서의 새로운 비즈니스 모델____196
   - e-Transformation   *PwC* 이성열(부사장)
5. 정보와 자원의 흐름을 컨트롤하라____204
   - 기업가치 창출의 인프라   액센츄어 성낙양(이사)

세계 9대 컨설팅사 좌담회 · 불황극복 이렇게 하자____213
집필진 소개____221

세계9대 컨설팅사

회사소개

accenture

● ANDERSEN

AT KEARNEY

BAIN & COMPANY

THE BOSTON CONSULTING GROUP

Deloitte Consulting

PWC CONSULTING

A business of PricewaterhouseCoopers

Towers Perrin _____

WILLIAM M. MERCER

accenture

회사명	액센츄어
전문 분야	컨설팅, 정보기술, 아웃소싱, 기업 간 제휴, 벤처 캐피털
URL	http://www.accenture.com
Tel	02-3777-8888
Fax	02-769-1900
주소	서울시 영등포구 여의도동 26-4 교보증권빌딩 10층

본사 소개

- 액센츄어는 2001년 회계연도(2000년 9월~2001년 8월) 매출이 미화 114억 4,000만 달러에 달하는 세계 최대의 경영전략 및 기술경영 컨설팅 회사다.
- 액센츄어는 전세계 46개 국가에서 7만 5,000여 명의 전문가들이 컨설팅, 정보기술, 아웃소싱 등의 포괄적이고 전문적인 서비스를 제공하고 있으며, 포천 글로벌 100대 기업 중 86개 기업 및 포천 글로벌 500대 기업의 66% 이상에 달하는 세계 유수의 기업들이 액센츄어의 경영기술 자문을 받고 있다. 액센츄어는 또한 세계적인 기업들 및 정부들과도 광범위한 관계를 맺고 있다.
- 액센츄어는 18개 산업으로 구성된 5개의 글로벌 마켓 유닛(global market unit, 즉 통신첨단산업, 제조산업, 금융산업, 자원산업, 정부분야)에 걸쳐 서비스 및 솔루션을 제공한다. 8개의 서비스 라인(전략 및 사업 아키텍처, 고객관계관리, 공급망관리, 인력성과, 재무 및 성과관리, 정보기술 리서치 및 혁신, 솔루션 엔지니어링, 솔루션 운용)은 글로벌 마켓 유닛을 지원하여 총괄적인 비즈니스, IT 솔루션 및 전문 지식을 제공한다. 액센츄어의 제휴, 협력사 및 포트폴리오 회사들은 특화된 첨단 역량뿐만 아니라 부상하는 비즈니스 모델, 상품 및 기술에 대한 통찰력을 제공함으로써 액센츄어의 고객 서비스 강화에 도움을 주고 있다.
- 2001년 1월 1일 사명을 변경하여 새롭게 탄생했다. 과거의 컨설팅 전문 기업에서 고객의 다양한 요구를 만족시키기 위하여 「컨설팅, 정보기술, 기업 간 제휴, 아웃소싱, 벤처 캐피털」 등 새로운 비즈니스 네트워크를 구축, 「토털 솔루션 업체」로서 재탄생했다.

🟢 서울사무소 소개
액센츄어 서울사무소는 한국에 진출한 최초의 글로벌 컨설팅 기업으로서 1986년 설립되었다. 현재 450명의 전문 인력이 국내외 유수 대기업에 세계적인 컨설팅 경험과 노하우를 제공하고 있다.

🟢 서울사무소 대표자 소개
한 봉 훈
- 현 액센츄어(유) 서울사무소 사장
- 서울대학교 경영학 학사
- 일리노이 주립대학 경영학 석사
- 1986년 액센츄어 서울사무소 창립 멤버
- 1998년 액센츄어 서울사무소 공동대표 부사장 취임, 제조업부문 총괄담당 및 아시아 지역 중공업 분야 담당
- 2001년 9월 1일 대표이사 사장 취임, 서울사무소 성장의 핵심역할 수행
- 컨설팅을 통한 한국 기업들의 경쟁력 및 성장성 제고에 일익 담당
- 국내 기업의 글로벌화에 기여
- 아웃소싱 컨설팅 전문가

🟢 액센츄어의 장점
- 글로벌 차원의 서비스 실행(Seamless Execution on a Global Scale)
- 산업 전문 지식(Deep Industry Expertise)
- 폭넓은 발전적 서비스 제공(Broad and Evolving Service Offering)
- 세계 선두기업 및 정부기관들과의 지속적인 관계(Enduring Relationships with the World's Leading Corporations and Governments)
- 기술혁신 및 실행(Technology Innovation and Implementation)
- 뛰어난 인적 자원 및 기업문화(Distinctive People and Culture)
- 노련함과 오랜 경험, 그리고 열정을 갖춘 경영진(Proven, Tenured and Highly Motivated Management Team)
- 산업·지역·기술에 걸친 다양한 비즈니스 영역(Highly Diversified Business by Industry, Geography and Technology)
- 산업흐름에 앞서가는 액센츄어(History of Staying Ahead of Industry Trends)

ANDERSEN

●회사명	앤더슨
●전문 분야	전략, 비즈니스 프로세스, 정보기술, 변화관리
●URL	http://www.andersen.com http://www.aak.co.kr
●Tel	02-6676-2000
●Fax	02-6676-2200
●주소	서울시 영등포구 여의도동 23-5 한화증권빌딩 12F (우)150-717

본사 소개
- 1913년 미국 시카고에서 설립되어 현재 전세계적으로 84개국에 385개 사무소를 운영하고 있는 세계 최대 규모의 경영자문 전문 서비스 조직이다.
- 전세계를 4개 지역으로 나누고 각 지역본부 아래에 국별 사무소 체제로 운영하고 있다.
- 각 지역사무소는 모두 산업별-서비스 라인별로 연계된 3way 매트릭스 형태로 운영된다.
- 전문가 8만 5,000여 명이 활발한 활동을 하고 있으며 연 매출은 93억 달러 규모다.
- 앤더슨에서 제공하는 여러 서비스 중 경영 컨설팅 부문은 현재 가장 활발한 활동 및 성장세를 보여준다.
- 활발한 컨설팅 활동 결과 매출액과 순이익 향상은 세계 유수의 컨설팅 회사 중에서도 단연 두드러진 성장세를 보이고 있다.

한국 앤더슨 그룹 소개
한국 앤더슨 그룹은 경영 컨설팅 서비스를 제공하는 앤더슨 코리아, 기업금융 서비스를 제공하는 앤더슨 GCF, 그리고 회계·세무 서비스를 제공하는 안진회계법인으로 구성되어 있으며, 3개의 법인 내에 서비스 전문성에 따라 하부조직을 구성하여 고객사의 요구에 따라 부문 간 크로스 서비스 체제를 가동하고 있다.

WILLIAM M. MERCER　BAIN & COMPANY　accenture　PWC CONSULTING　ATKEARNEY

앤더슨 코리아
- 1986년 설립, 1989년 단독법인 등록
- 2001년 10월 현재 170여 명의 경영 컨설턴트 보유
- 전략(10%), 비즈니스 프로세스(45%), 정보기술(25%), 변화관리(20%)의 역량 투입

앤더슨 코리아 대표자 소개
고 영 채
- 현 앤더슨 코리아 대표이사
- 서울대학교 상과대학 졸업
- 안진회계법인 부대표 역임
- 정부투자기관, 종합금융사, 보험회사, 증권회사 경영평가위원 역임
- 기획예산위원장 위촉 행정개혁위원회 위원 역임
- 기초기술연합이사회 이사, 정책심사평가위원회 위원, 상호신용금고 경영평가위원회 위원장, 국립과학관 운영심의회 위원, 종합금융회사 경영평가위원회 위원장, 정부혁신추진위원회 위원, 책임운영기관 평가위원회 위원

앤더슨의 서비스 분야
- 직원훈련과 교육 R&D에 집중적인 투자
- 지식경영부문에서 세계 1위 업체
- eBC(ebusiness consulting)
- ETS(enterprise technology solution)
- SCM(supply chain management)
- CRM(customer relationship management)
- EMS(executive management solution)
- F&O(finance and operation)

앤더슨의 장점
앤더슨에서 제공하는 컨설팅 영역은 다양하다. 경영전략과 같은 high level의 컨설팅 영역에서부터 인사·조직, 프로세스 개선, 시스템 컨설팅 등 practical한 수준의 영역까지 종합적이고 일관된 서비스를 제공하고 있다. 최근의 복잡한 경영문제를 해결하기 위해서는 특정 기능 분야에 국한한 서비스만으로는 불가능하기 때문에 다양한 컨설팅 분야를 종합할 수 있는 앤더슨만이 실제적이고 실현 가능한 대안을 제시할 수 있다.
- 정부부문, 금융산업, 제조업, 에너지 산업, 통신산업 등
- 각국 정부뿐만 아니라 포천지가 선정한 세계 500대기업 등을 대상으로 연 5,000여 건 이상의 프로젝트 수행
- 사설 조사기관 고객만족도 조사결과 연속 1위
- 1952년 세계 최초로 기업 경영평가를 위한 표준 모델인「상용 응용 프로그램」제작
- 1992년에는 미국 생산품질관리센터와 공동으로「조직적 지식경영」모델 개발

ATKEARNEY

회사명	A.T.커니
전문 분야	전략, 재무, 조직, 운영, 전략적 IT컨설팅 등
URL	http://www.atkearney.com http://www.atkearney.co.kr
Tel	02-399-6000
Fax	02-399-6060
주소	서울시 종로구 서린동 33 영풍빌딩 12층 (우)110-752

본사 소개

- 모든 분야에 전문 능력을 갖추고 전세계적인 지사망을 확보하고 있으며, 고객에게 고부가가치를 제공해줄 수 있는 세계적인 경영 컨설팅 기업이다.
- 서구 시장 및 신흥시장까지를 포함한 전세계 90여 개국의 고객들에게 경영 컨설팅 서비스를 제공하고 있다. A.T.커니는 미주에서는 1926년부터, 유럽에서는 1964년부터, 아시아 지역에서는 1972년부터 경영 컨설팅을 시작하여 지금까지 계속해오고 있는 역사 깊은 기업이다.
- 설립자인 앤드류 토머스 커니(Andrew Thomas Kearney)는 컨설턴트의 역할이 고객에게 자문을 제공하는 것을 뛰어넘어 고객이 변화를 스스로 실행하고 결과물을 획득하는 것까지 도와주는 것이라고 굳게 믿었다. 이 철학은 지금까지 A.T.커니의 고속 성장을 이끌어주고 있는 하나의 큰 기둥이라고 할 수 있다.

대표자 소개

디트마 오스테르만(Dietmar Ostermann)

- 글로벌 CEO
- Univ. of Southern California   MS in Industrial Engineering
- Univ. of Hamburg   MS/BS in Business & Industrial Engineering
- 1989년 A.T.커니 입사
- 1995년 임원으로 승진

- 1996-1987년까지 북미 자동차산업 전문 그룹의 리더
- 1997년 유럽 지사의 전무가 되면서 유럽 지사 매출 두 배, 순이익 세 배의 실적을 올림

서울사무소 소개

1995년 설립된 서울사무소는 각국의 오피스와 기밀한 네트워크를 통해 고객들을 지원하며 초고속으로 성장하고 있다. 한국의 고객문화와 조화를 이루는 컨설팅으로 그 역량을 발휘, 70% 이상의 재계약률이라는 놀라운 고객만족을 실현하고 있다.

서울사무소는 국내 주요 기업을 대상으로 구조조정, 경영전략, 시장진입 전략, 전략구매, 데이터베이스 마케팅, CRM, IT솔루션, e-비즈니스 마스터플랜 등 여러 형태의 컨설팅 서비스를 제공하고 있으며, 기업진단 및 전략방향 제시에서부터 실제적인 결과물을 제공하는 실행전략(implementation)에 이르기까지 기업 전반의 컨설팅 영역을 확보하고 있다.

현재 서울사무소는 한국이라는 특수한 상황의 비즈니스 이슈에 대한 정확한 이해를 바탕으로 검증된 툴(tool) 및 방법론(methodology)을 적용할 수 있는 최고의 컨설턴트 40여 명을 보유하고 있다. 최근에는 특히, e-비즈니스 및 IT, 금융, 자동차 등의 분야에서 높은 성장이 기대되고 있다.

서울사무소 대표자 소개

케이지 미야키(Keiji Miyaki)
- Hitotsubashi University 경영학 학사
- JMA/Yamaha corporation
  전략, 마케팅 그룹 수석 컨설턴트
  사업전략, 기획, 홍보 및 경영 시스템 개발 팀 리더
- 1990년 A.T. Kearney Tokyo 입사
  자동차산업의 경영전략 및 마케팅 전략, 실행, 통신 및 제조산업 부문의 다양한 컨설팅 경력
- 2000년 A.T. Kearney Seoul
  Seoul 지사장 및 한국 Automotive Team 리더

A. T. 커니의 장점

- 전략 컨설팅 : 각 기업의 CEO에게 기업이 속한 시장과 경쟁력을 분석해 전략적 방향을 제시하고 사태를 광범위하게 조망하며 해결책 안내
- 조직 컨설팅 : 조직구조의 전략에 변형을 주어 조직의 강화 유도
- 재무 컨설팅 : 자금운영 평가, 재무구조 등의 측정으로 재무 컨설팅 시작
- 운영 컨설팅 : 고객사의 핵심자산, 경영과정, 전략적 관계 등 컨설팅
- 전략적 IT 컨설팅

Deloitte Consulting   Towers Perrin   ANDERSEN   THE BOSTON CONSULTING GROUP

BAIN & COMPANY

● 회사명	베인 & 컴퍼니
● 전문 분야	전략 컨설팅
● URL	http://www.bain.com
● Tel	02-398-9300
● Fax	02-398-9301
● 주소	서울시 종로구 종로2가 6번지 종로타워 19층 (우)110-789

본사 소개

- 1973년 미국 보스턴에서 설립된 세계 최정상급 전략 컨설팅사
- 철저한 「성과주의」 원칙 고수, 업계 최초로 현금 대신 주식을 컨설팅 비용으로 받는 옵션 시도
- 장기계약을 전제로 기업경영 전 분야에 걸친 전략 수립 및 실행을 함께 하는 릴레이션십 컨설팅 개척, 20년 이상 베인과 함께 일한 고객 다수
- 1980년 이래 북미 베인 고객 주가는 업계 평균보다 세 배 이상 높은 것으로 나타남.
- 금융, 통신, 소비재, 산업재, 유통 등 다양한 산업 분야에서 전략 컨설팅 서비스 제공. 특히 장기간에 걸친 대규모 변화관리(change management), 성장전략, 고객 로열티(customer loyalty) 전략 등에 탁월한 역량 보유
- 세계적 투자펀드(private equity fund)가 가장 선호하는 컨설팅사. 투자 펀드가 주도하는 전세계 기업 M&A 시장의 50%, 국내 시장의 70% 이상 참여
- 1984년, 직접 베인 캐피털(Bain Capital)을 설립하여 창립 이래 연평균 IRR100% 이상 연속 달성
- 2000년, 오라클(Oracle) 등을 비롯한 IT전문 기업군들과 함께 글로벌 연합(Global Alliance)을 구성하여 기술관련 컨설팅 역량 강화
- 19개국 27개 오피스 3,000여 명의 프로페셔널 스태프 보유

대표자 소개
존 도나호(John Donahoe)
- 다트머스 대학 경제학부 최우등 졸업
- 스탠퍼드 경영대학원 최우등 졸업
- 1982년 베인 & 컴퍼니 입사
- 샌프란시스코 오피스 대표 등 베인 & 컴퍼니 요직 연임
- 1999년 베인 & 컴퍼니 최고경영자 선임
- 대규모 변혁·변화관리 프로젝트의 세계적 전문가
- 2000년 〈컨설팅 매거진(Consulting Magazine)〉에 의해 세계를 이끄는 3대 컨설턴트 중 한 명으로 선정됨

베인 & 컴퍼니 코리아
- 1970년대 후반부터 한국 재벌기업들에게 컨설팅 서비스
- 1991년 오피스 개설, 1998년 이후 본격적인 성장
- 국내 대표기업, 공기업, 금융기관, 정부 기관 등을 위한 120여 건의 프로젝트를 수행
- 해외 투자 펀드가 주도하는 국내 기업 및 금융기관에 대한 투자 및 인수합병 건의 70% 이상 참여
- 현재 80여 명의 컨설팅 인력 보유, 10년 이상의 국내외 컨설팅 경험을 갖춘 최정예 파트너 그룹과 이사진 그룹 10여 명 포진
- 베인 서울 오피스는 지금까지 국내 대표적인 재벌 및 계열사, 공기업, 금융기관, 정부 기관 등을 위해 120여 건 이상의 프로젝트를 성공적으로 수행했다. 최근에는 산업자원부의 의뢰를 받아 진행한 한국 산업에 대한 비전을 담은 「지식수출강국 보고서」를 발간하기도 했으며, 서울대학교 경영대학원의 컨설팅을 수주해 화제를 모으기도 했다.

베인 & 컴퍼니 코리아 대표자 소개
베르트랑 프앙토(Bertrand Pointeaiu)
- 프랑스 최고 명문 비스니스 스쿨 HEC 우등 졸업
- 파리2대학 법학 석사
- 미국 워튼(Wharton) MBA
- 프랑스 IBM 등 근무
- 1990년 베인 보스턴 오피스에 컨설턴트로 입사
- 1997년 베인 파리 오피스 부사장 선임
- 1999년 베인 서울 오피스 대표 취임
- 유통, 소매금융, 마케팅, 전자상거래 분야의 전문가

THE BOSTON CONSULTING GROUP

● 회사명	보스턴 컨설팅 그룹(BCG)
● 전문 분야	하이테크, 금융, 산업재, 소비재 및 유통, 제약, 운송 등
● URL	http://www.bcg.com http://www.bcg.co.kr
● Tel	02-399-2500
● Fax	02-399-2525
● 주소	서울시 중구 태평로1가 64-8 광화문빌딩 20층 (우)100-101

● 본사 소개
- 전세계 34개국 51개 사무소로 전문 컨설턴트 3,000여 명 보유
- MBA 출신들이 가장 선호하는 기업
- 주요 50대 고객사 중 80%가 장기계약 관계로 높은 고객 만족도
- 포레스터 리서치 e-비즈니스 관련 최고 컨설팅사 선정
- 보스턴 컨설팅 그룹(BCG)은 1963년, 전략이라는 개념을 최초로 경영에 도입한 브루스 헨더슨(Bruce Henderson)에 의해 설립되었다. 독보적인 아이디어와 전략으로 고객사의 가치창출과 경쟁우위 확보를 위해 최적의 조언을 제공하고 있다.
- 현재 전세계 34개국 51개 주요 도시에 사무소를 두고 3,000여 명의 전문 컨설턴트들이 최신 경영전략 개발을 위해 노력을 경주하고 있으며, BCG의 최대 강점은 그 출발에서 알 수 있듯이 전략 컨설팅에 있다. 보스턴 컨설팅 그룹이 주력하는 경영전략 컨설팅 부문에서의 누적 성장률은 최상위권을 유지하고 있다.

● 대표자 소개
칼 W. 스턴(Carl W. Stern)
- 하버드 대학 경제학부 졸업
- 스탠퍼드 대학 경영대학원 졸업
- 1974년 보스턴 컨설팅 그룹 입사
- BCG 런던, 샌프란시스코, 시카고 지사장 역임

- BCG 최고운영위원회 위원장
- BCG 전사개발, 조직재편위원회 위원장
- BCG 구미지역 공동의장
- 1997년 회장 및 CEO로 선임

서울사무소 소개

보스턴 컨설팅 그룹 서울사무소는 1994년 설립되어 국내 주요 대기업과 선도 금융기업, 다국적 기업들과 다양한 프로젝트를 성공적으로 이행해왔다. 외형적으로도 매년 20% 이상의 성장을 거듭해왔으며, 특히 IMF 이후 대기업 구조조정과 선진금융 시스템 도입에 참여해 큰 공헌을 했다는 평가를 받아왔다. 현재 보스턴 컨설팅 그룹 서울사무소는 70여 명의 전문 컨설턴트들을 포함해 100여 명이 근무하고 있다.

최근 산업자원부와 전국경제인연합회가 발주한 한국B2B발전 국가전략 수립 프로젝트를 진행했다. 한 국가의 전자상거래 발전방안을 이례적으로 다국적 컨설팅사에 맡겼다는 사실만 보아도 보스턴 컨설팅 그룹의 전자상거래에 대한 역량이 어느 정도인지 알 수 있다.

서울사무소 대표자 소개

톰 루이스(Tom Lewis)
- 독일 Natal 대학교 경제학부 졸업
- 독일 Witwatersrand 대학 경영대학원 졸업
- 1972년 보스턴 컨설팅 그룹 입사
- BCG 뮌헨 지사장, 아태지역 대표 역임
- BCG 기업개발(Corporate Development) 분과위원회 위원장
- BCG 전사운영위원회 위원장으로 재직

보스턴 컨설팅 그룹의 장점

보스턴 컨설팅 그룹은 경험곡선 이론, 성장-시장점유 매트릭스, 타임베이스 경쟁, 가치창조 경영 등 새로운 전략 개념을 지속적으로 개발하여 개별 기업 컨설팅에 적극 활용함은 물론 전세계 경영대학원 수업 자료로도 널리 사용되고 있다. BCG는 고객사의 차별화에 성공하며 당대의 컨설팅 업계 트렌드를 주도해왔다.

보스턴 컨설팅 그룹의 전문 컨설팅 분야는 금융, 산업재, 소비재 및 유통, 첨단기술, 정보기술, 제약, 의약, 운송, 그리고 최근의 e-비즈니스 분야에 이르기까지 다양하다. 또한 해당 산업별 전문화를 위해 산업별 분과를 구성해 정기적인 교류를 갖고 전사적 차원에서 축적된 노하우와 데이터를 통해 각 지역 사무소의 고객사 컨설팅에 활용하고 있다. 즉 하나의 고객사 컨설팅을 위해 글로벌 네트워크를 이용하여 정보를 제공하고 조언하는 시스템이다.

Deloitte Consulting Towers Perrin   ANDERSEN   THE BOSTON CONSULTING GROUP

Deloitte Consulting

● 회사명	딜로이트 컨설팅
● 전문 분야	종합경영 컨설팅(전략, 프로세스, IT, 변화관리)
● URL	http://www.dc.com
● Tel	02-317-9777
● Fax	02-771-2070
● 주소	서울시 중구 무교동 63 서울파이낸스 빌딩 19층 (우)100-170

모기업
- 딜로이트 투시 토마츠 인터내셔널(Deloitte Touche Tohmatsu International : DTT)
- 진출국 : 전세계 133개국
- 직원수 : 약 9만 명
- 업　무 : 회계, 감사, 세금 및 경영 컨설팅 서비스 제공
- 고　객 : 전세계 5분의 1에 달하는 세계적인 대기업, 정부, 주정부 및 공공기관 등 모든 산업분야를 총망라, 매출 또는 자산이 10억 달러 이상인 고객이 모든 고객의 20% 상회

딜로이트 컨설팅 소개
- 세계 4위 규모의 가장 빠르게 성장하는 컨설팅 회사
- 전세계 36개국 3만 2,000여 명의 직원
- 미국의 〈포천〉지가 선정한 가장 일하고 싶은 100대 기업 중 30위 안에 4년 연속 선정

세계 5대 컨설팅사 중 하나인 딜로이트 컨설팅은 전략, 프로세스, 정보기술, 조직혁신 등 기업혁신에 관계된 모든 서비스를 제공하는 세계적인 e-비즈니스 컨설팅 회사다.
딜로이트 컨설팅 최고의 e-비즈니스 전문가들은 이제 막 시작하는 기업에서부터 〈포천〉이 선정한 세계 1,000위 기업에 이르기까지 복잡한 디지털 경제환경의 안내자로서 기업들이 고유의 비즈니스 모델을 창조하고 새롭게 하며, 또한 이를 지킬 수 있도록 서비스를 제공한다. 딜로이트 컨설팅은 전세계에서 가장 빠르게 성장하는 전문 경영 컨설팅 회

사 가운데 하나이며, 특히 아시아·태평양 및 아프리카 지역에서 1996년 이래 매년 35% 이상의 고성장을 거듭하는 등 경이로운 기록을 세우고 있다.

🟢 딜로이트 컨설팅 코리아
- 1999년 4월 지사 설립(60명)
- 한국 진출 2년 만에 현재 170명의 전문 컨설턴트를 보유한 업체로 급성장
- 전직원의 e-컨설턴트화 선언과 함께 경영 전문 컨설팅사로 도약
- 한국지사 설립 이래 SK텔레콤, SK(주), 효성, 대우증권, 한빛은행, 알리안츠 제일생명 등 대형고객 유치에 성공함으로써 국내 대형 컨설팅 업체로 성장

🟢 딜로이트 컨설팅 코리아 대표자 소개
박 성 일
- 현 딜로이트 컨설팅 코리아 회장
- 서울대 상대 졸업
- 미국 와이오밍 대학 회계학 석사, 미시간 대학 재무학 박사 수료
- 1968년 딜로이트 투시 토마츠 입사
- 1978년 딜로이트 투시 토마츠 파트너
- 1999년 딜로이트 컨설팅 코리아 회장 취임

🟢 딜로이트 컨설팅의 장점
- 가장 일하고 싶은 기업 선정(1999년 〈포천〉이 선정한 컨설팅사 중에서 가장 일하고 싶은 컨설팅 회사로 유일하게 선정)
- 수평적 경영과 다양성 추구
- 전 직원의 e-컨설턴트화 선언
- 기업의 전략 및 시스템 구축을 위한 전체 프로세스 개선

PWC CONSULTING

A business of PricewaterhouseCoopers

회사명	프라이스워터하우스쿠퍼스
전문 분야	비즈니스 프로세스, 글로벌 HR, 경영 컨설팅 등
URL	http://www.pwcconsulting.com
Tel	02-6001-8000
Fax	02-6001-8521
주소	서울시 강남구 삼성동 159-1 아셈타워 40층 (우)135-798

본사 소개

- 1849년 프라이스워터하우스 설립
- 전세계 152개국 1,090개 사무소에 전문 컨설턴트 15만 명 보유
- 1998년 쿠퍼스 & 라이브랜드(Coopers & Lybrand)사와 합병
- 회계연도 2000년 매출 215억 달러

- 프라이스워터하우스쿠퍼스는 150여 개국, 1,090개의 오피스에 15만 명의 인력을 보유하고 있는 세계적인 컨설팅사다.
- 150여 년의 역사를 통해 축적된 폭넓은 경험과 지식, 기술을 활용해 고객이 사업상의 난제들을 해결하고 인터넷 세상에서 가치를 구축하며 위험을 관리하고 성과를 향상시킬 수 있도록 도모한다.
- PwC 컨설팅은 전세계 유수 기업들에게 컨설팅 서비스를 제공하는 프라이스워터하우스쿠퍼스의 경영 컨설팅 전문조직이다.
- PwC 컨설팅의 전문 인력들은 방대한 글로벌 네트워크를 기반으로, 각 산업 분야에 대한 심도 깊은 이해와 전략 컨설팅, 프로세스 개선, 기술 통합에 대한 광범위한 역량 등을 통해 혁신적인 아이디어를 제시하여 전략적인 비전을 달성하고 사업 성공을 추진하며 고객을 위한 기업가치 향상을 실현시킨다.
- Leader in E-Business : 2001년 IDC에 의해 No.1 e-마켓플레이스 서비스 제공업체로 선정

- Leader in Customer Relationship Management : 2001년까지 3년 연속, 가트너 그룹 (Gartner Group)에 의해 시스템 구축 부문의 리더로 선정
- Leader in Supply Chain Management : No. 1 provider of supply chain services worldwide(IDC Corp., 2000)
- Leader in Enterprise Resource Planning : IDC에 의해 2000년 유럽에서 ERP 부문의 No.1으로 선정됨

PwC 컨설팅 코리아 소개

PwC 컨설팅 코리아는 1997년 2월 프라이스워터하우스쿠퍼스가 100% 출자하여 설립한 PwC 컨설팅의 한국 법인으로 600여 명의 컨설턴트를 포함한 1,350명의 전문 인력이 POSCO, 삼성전자, 삼성생명, 태평양, 한국타이어 등 세계적인 한국 기업들에게 전문 서비스를 제공하고 있다.

Vision

PwC 컨설팅 코리아는 세계의 베스트 프랙티스를 선도하는 각 분야의 초일류 기업들과 주요 Collaborative Value Chain, e-Marketplace, CRM, BPO 등의 e-비즈니스의 핵심 분야에서 우수한 성공사례를 구축하고 있다. 이는 기존의 e-비즈니스가 단편적으로 각각의 기능 위주의 구축을 목표로 하던 것과 차별화하여, PwC의 축적된 지식으로 수립한 미래 산업에 대한 비전인 「Meta Capitalism」을 한 것이다.

이러한 노하우와 지식 인프라를 활용하여 PwC 컨설팅 코리아는 한국의 기업들 역시 이러한 거대 산업의 변신 트렌드에 동참하고, 나아가 이를 이끌어나갈 수 있도록 최신의 비즈니스 모델과 구축 방법론을 도입, 적용시키며 이로부터 산출되는 가치를 고객사와 함께 공유한다.

이미 국내에서는 다수의 고객사들이 이에 동참하여 12개의 신경제 비즈니스 인프라 기업군이 설립되었으며, 이들은 글로벌의 추세에 발맞추어 끊임없이 진화와 성장을 거듭하고 있다. PwC 컨설팅 코리아는 이를 통해 첫 기업군의 설립 이후 1년 만인 현재, 이들 기업을 통해 2,600억 원의 매출, 1,350명의 신경제 전문인력을 운영하고 있다.

PwC 컨설팅 코리아는 이러한 새로운 서비스를 통해, 기존의 컨설팅 서비스와 차별화하여 「전략에서 운영까지」의 전략을 실천해나가고 있다.

Deloitte Consulting　Towers Perrin　ANDERSEN　THE BOSTON CONSULTING GROUP

Towers Perrin

회사명	타워스 페린
전문 분야	인사·조직 컨설팅, 변화관리, 복리후생·퇴직제도, 보험계리 컨설팅
URL	http://www.towers.com
Tel	02-3430-2500
Fax	02-3430-2599
주소	서울시 강남구 역삼동 647-15 한국타이어빌딩 (우)135-723

본사 소개
- 1934년 설립
- Human Resources(인사·조직부문) 컨설팅 분야 세계 1위
- 전세계에 전문 컨설턴트 1만여 명을 비롯해 89개의 사무소 보유
- 20년 이상 지속적으로 컨설팅받는 고객사 1만 5,000개사
- 세계 500대 기업 중 컨설팅 의뢰 업체 333개
- 전세계 한국인 컨설턴트 107명 보유

1934년 미국 필라델피아에서 설립된 타워스 페린은 세계 최고의 인사조직 전문 컨설팅 회사로, 「기업의 사업성과 및 가치는 사람에서 나온다」는 철학으로 인사·조직 분야 전문 컨설팅 서비스를 제공하고 있다. 타워스 페린의 본사는 뉴욕에 위치해 있으며, 전세계 89개 오피스에서 약 1만여 명의 컨설턴트들이 활동하고 있다.

현재 전체 고객은 1만 5,000개 사에 달하며, 세계 500대 기업 중 333개 기업, 〈포천〉지 선정 미국 1,000대 기업 중 700개 기업, 캐나다의 〈파이낸셜 포스트(Financial Post)〉지가 선정한 500대 기업 중 274개 기업, 〈파이낸셜 타임(Financial Time)〉지가 선정한 유럽 500대 기업 중 234개 기업, 영국 〈파이낸셜 타임〉지의 500대 기업 중 172개 기업, 호주의 〈비즈니스 리뷰(Business Review)〉지가 선정한 100대 기업 중 51개 기업이 타워스 페린의 고객이다. 2000년에는 16억 달러 이상의 영업 수익(operating revenue)을 기록했다.

타워스 페린 코리아 소개

타워스 페린은 깊은 역사만큼 풍부한 컨설팅 경험을 토대로 글로벌 네트워크를 구축하고 있으며 지역문화, 제도 및 특성에 알맞은 컨설팅 서비스 제공을 위해 노력하고 있다. 특히 아시아 지역에는 한국, 싱가포르, 말레이시아, 홍콩, 일본, 호주, 중국, 인도 등지에 오피스를 두고 있다.

타워스 페린 한국 지사는 1994년 3월 설립되어 매년 325%의 고속성장을 하며 활발한 컨설팅 활동을 수행하고 있다.

타워스 페린 코리아 대표자 소개

박 광 서
- 대표이사/한국 지사 사장
- 호주 모나시 대학원 경영학 리서치(석·박사) 과정 수료
- 호주의 D. A. 그룹(D.A. Group)에서 최고재무책임자(CFO) 역임
- 쿠퍼스 & 라이브랜드(Coopers & Lybrand)에서 경영 컨설턴트 근무
- 2000년 타워스 페린의 Managing Principal(타워스 페린의 세계 경영을 맡는 소수의 최고경영진이자 주주)로 선임

타워스 페린의 인사·조직 분야 컨설팅 서비스 범위

- Business Performance
  기업전략, 사업전략, 경쟁시장 분석, 고객 서비스 분석
- Organization Effectiveness
  조직진단, 조직구조 설계 및 인력배치(staffing), 자산분배 체계 정의(resources allocation), 역할과 책임의 정의, 생산성 향상
- Employee Involvement
  직원 만족도, 태도 조사, 직원 참여도 제고 프로그램, 직원 역량 개발 프로그램
- HR System
  경영자 보상 시스템, 성과관리 시스템, 커뮤니케이션, 학습 및 개발 프로그램(training and development), HR 시스템/e-HR 전략 수립, 경력관리 시스템(career development practice)

WILLIAM M. MERCER

● 회사명	윌리암 엠 머서
● 전문 분야	보험계리업무, 인적자원관리, 급여 및 임금제도
● URL	http://www.wmmercer.com http://www.mercer.co.kr
● Tel	02-3404-8300
● Fax	02-3404-8333
● 주소	서울시 강남구 역삼동 826-20 우리종합금융빌딩 5층 (우)135-080

● 본사 소개
- 1945년 캐나다 밴쿠버에서 창립
- 1959년 뉴욕의 마시 & 매크레넌 그룹과 합병
- 보험계리업무, 인적자원관리, 급여 및 임금제도, 종업원 복리후생제도 분야에서 가장 규모가 큰 회사
- 전세계 39개국 135개 이상의 도시에서 1만 3,200명의 전문가 종사
- 2000년 기준(매출액)으로 세계 8위의 회사, 인적자원 컨설팅 분야에서 1위 점유

● 한국 윌리암 엠 머서 소개
- 1991년 2월 서울에 설립
- 세계 최고의 전문가 그룹으로 고객의 비즈니스 전략에 근거하여 최적의 솔루션을 제공
- 채용기법에서 퇴직 프로그램까지 인사전반에 대한 컨설팅 능력 보유
- 국내 최고의 인사 컨설팅 업체

● 한국 윌리암 엠 머서 대표자 소개
김기령
- 한국 윌리암 엠 머서 사장
- 고려대학교 교육학 학사
- 미국 뉴욕주립대학교 교육심리학 석사, 박사

WILLIAM M. MERCER BAIN & COMPANY accenture PWC CONSULTING ATKEARNEY

- 삼성 SDS 경영 컨설턴트
- 미국 S&M컨설팅에서 국제 교육훈련 프로그램 개발부장 역임
- 국내 유수기업, 글로벌 기업, 대학 등에서 컨설팅 수행
- 고려대학교, 숙명여자대학교 등에서 다년간 강의
- 현재 교육심리학회, 인재개발학회, KABC, KCMC에서 활동 중

● **윌리암 엠 머서의 강점**
- 국내기업 및 글로벌 기업의 경쟁력 강화 및 변혁을 위한 컨설팅
- 글로벌 기업, 외국기업의 현지 적응을 위한 컨설팅
- 국내기업의 글로벌화, 외국 진출을 돕는 컨설팅
- 인수와 합병에 따른 사전조사에서 실행까지 종합 컨설팅
- 최적의 솔루션 제공
- 채용기법에서 퇴직 프로그램까지 인사전반 컨설팅 능력 보유

● **핵심사업 분야**
- *전략기획 서비스*
  인사철학 정립, 인사전략 수립, 인사가치체계 분석, 조직 비전 변경, 인사정책 및 절차 수립
- *조직운영 서비스*
  회사설립에 따른 제반 컨설팅, 합병과 인수에 따른 제반 컨설팅, 조직개발, 조직행동 분석, 조직 진단, 팀 빌딩, 긍정적인 노사관계
- *인사기능별 서비스*
  급여제도에 대한 컨설팅, 직무분서고가 직무평가, 역량 개발, 교육훈련과 개발, 다양한 보상제도 수립, 성과관리, 취업규칙, 단체보험과 보험계리 평가, 사원의식 조사, 다운사이징과 조기퇴직 프로그램
- *인사정보 서비스*
  - Total Remuneration Survey/Compensation & Benefits Survey
  - Cost-of-Living Report/Quality-of-Living Report
  - Personal Tax Report/HR Atlases
  - Worldwide Benefit&Employment Guidelines
  - Global Compensation Planning Report

Strategy

제1장
전략이 살아야 회사가 산다

accenture

ANDERSEN

AT KEARNEY

BAIN & COMPANY

THE BOSTON CONSULTING GROUP

Deloitte Consulting

PWC CONSULTING

A business of PricewaterhouseCoopers

Towers Perrin

WILLIAM M. MERCER

Deloitte Consulting

한국 구조조정의 현주소

CEO, 글로벌 마인드로 무장하라

제1단계 긴급 문제 수습

한국은 외환위기를 계기로 금융기관의 고질적 부실이 적나라하게 드러나면서 일반시민의 저축조차 원금을 날리는 상황을 맞이했다.

한국정부는 부도상황에 이른 기업의 구제라든지 부실기업 정리, 공적 자금 투입을 통한 은행의 정상화 등 그때 그때 벌어진 문제들의 수습을 위해 노력했고, 특히 금융 분야의 구조조정에 총력을 기울였다.

그간 정부는 은행을 비롯해 한국투신, 대한투신, 대한생명 등에 새로운 자금을 투입하는 한편 부실채권이나 부채탕감 같은 조치를 통해 예금주를 어느 정도 보호해주기도 했다.

그리고 기업들은 1999년 대량의 신주를 발행, 후기 구조조정을 앞두고 잠시 시간을 벌기도 했다. 하지만 이 모든 노력은 일차적 차원의 수습일 뿐이었다.

지금도 추가자금 지원을 필요로 하는 구멍은 계속 생겨나고 있으며 앞으로도 계속 그 구멍들을 메워나가야 할 판이다. 더구나 기업들은 자금 확보에 더욱 어려움을 겪고 있다.

투자자들은 자신이 투자한 기업의 불안정한 재무상태가 그 동안 부실회계와 투명성 결여로 가려져 왔었다는 것을 의식해 투자에 대한 자신감을 갖지 못하고 있다.

아직도 우리는 기업의 자산과 수익창출 능력, 나아가 기업의 진정한 가치를 정확히 파악하는 것이 어려운 실정이다.

1단계 구조조정 작업은 40~50% 정도 이뤄졌다고 본다.

제2단계 가치파괴 차단

사실 1단계는 과거 문제를 해결하는 작업일 뿐이다.

제2단계에서는 1단계의 수습이 추가 손실과 자금지원의 낭비로 이어지지 않도록 가치파괴의 진행을 막아야 한다. 그리고 정부는 이를 위한 촉매 역할을 할 수는 있지만 1차적인 책임은 기업에 있다.

기업의 경영진은 투자자와 국민의 돈이 더 이상 헛되이 쓰이지 않게 수익성 개선에 힘써야 한다. 지금도 1,600여 개의 부도 기업들이 청산되지 않은

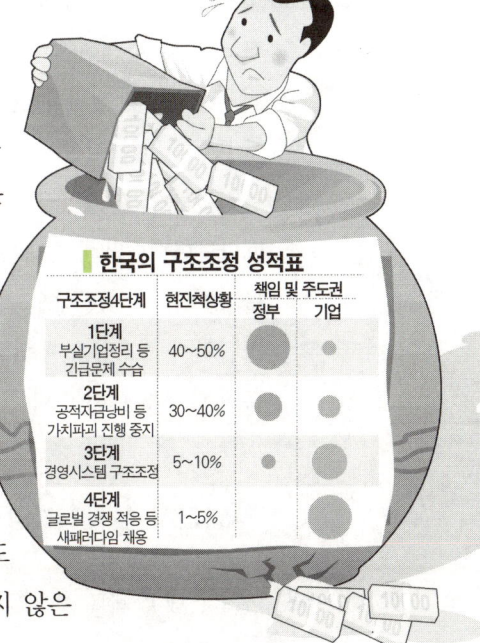

구조조정4단계	현진척상황	책임 및 주도권	
		정부	기업
1단계 부실기업정리 등 긴급문제 수습	40~50%	●	●
2단계 공적자금낭비 등 가치파괴 진행 중지	30~40%	●	●
3단계 경영시스템 구조조정	5~10%		●
4단계 글로벌 경쟁 적응 등 새패러다임 채용	1~5%		●

한국의 구조조정 성적표

Deloitte Consulting

채 추가지원금을 기다리고 있다.

극단적인 예로 대우자동차를 들 수 있다. 대우자동차는 1999년 7월 대우그룹이 붕괴된 후 매달 2억 달러의 현금을 허공에 날리고 있다. 최근 들어서야 소규모 영업이익을 올리기 시작했지만 엄청난 빚을 갚을 수 있을 정도로 안정된 현금흐름을 갖추기에는 아직 갈 길이 너무 멀다. 관대히 평가해도 2단계 구조조정은 30~40%밖에 이뤄지지 않았다.

제3단계 시스템 구조조정

> 무엇보다 기업들은 경영 및 재무 시스템 개선을 통해 투명성을 확보해야 한다.

제3단계는 거의 전적으로 기업 경영진이 이해하고 실천해야 할 과제다. 무엇보다 기업들은 경영 및 재무 시스템 개선을 통해 투명성을 확보해야 한다. 또한 건전한 기업 지배구조를 확립하고 수익성 개선에 총력을 기울여야 한다. 그리고 정부는 법적·제도적 개선과 적절한 감독을 수행해야 한다. 하지만 아직도 많은 기업들이 바람직하지 못한 옛 관행을 고집하고 있다.

지금은 기업 경영인들의 굳은 의지와 과감한 리더십이 필요한 때다. 현재 3단계 성과는 5~10%에 불과하지만 영웅적으로 이를 수행한 기업도 나오고 있다. 예로 하이닉스반도체는 경영 시스템의 구조조정을 통해 체질을 근본적으로 바꾸었으며, 타기업들의 모범적 모델이 될 것으로 기대된다.

제4단계 신 패러다임 구축

처음 세 단계를 성공적으로 완성해 살아남은 기업일지라도 글로벌 비즈니스 환경에서는 제대로 경쟁하지 못할 수 있다. 오늘날 글로벌 스탠더드를 선도하는 기업들 대부분은 지난 20년 간 스스로 고통스럽고 심도 있는 구조조정을 실천했다.

반면 한국 기업들은 지난 40년 간 국내시장 보호 관행에 젖어 경쟁적 환경에서 유리돼 있었다. 하지만 한국은 더 이상 「은둔의 왕국」이 아니며 글로벌 경제에서 더 이상 그럴 수도 없다.

세계경제에서 동북아가 차지하는 비중은 날로 커지고 있으며 한국은 그 중심부에 자리잡고 있다. 이제 한국은 동북아의 리더가 될 수도 있고 방관자로 머무를 수도 있는 기로에 서 있다. 그 성패는 구조조정에 달려 있다.

3단계와 마찬가지로 마지막 단계도 전적으로 기업 경영진이 책임을 져야 한다. 경영진은 경쟁력 강화와 리더십 발휘에 초점을 맞추고 장기적으로 명확한 전략적 비전을 세워야 한다.

잭 웰치가 이끄는 GE는 명확한 사고와 경영진의 분명한 목표가 어떻게 좋은 회사를 위대한 회사로 탈바꿈시키는지 보여주는 좋은 예라고 할 수 있다. 웰치는 GE가 1등인 분야 또는 2등이지만 1등이 될 가능성이 분명한 분야에만 매진하도록 했다.

한국이 세계경제의 리더가 되기 위해서는 반드시 이런 선진 패러다임을 이해하고 실천하며 끊임없는 개선을 추구해야 한다. 한국 기업 지도자들 중 아직 소수만이 세계적 리더십에 필요한 첨단 패러다임을 터득하고 있다. 아직 4단계 성적표는 1~5%에 지나지 않는다. 우리는 빨리 이 비율을 높여야 한다.

제임스 루니(딜로이트 컨설팅 부회장)

Deloitte Consulting

구조조정 50%밖에 못했다

경제성장률은 제자리 걸음, 대기업 부채비율은「불안」

한국경제에 대한 우려의 목소리가 높다. 경제성장률은 거의 제자리 걸음이고 상당수 대기업들의 부채비율도 불안한 수준으로 올라가고 있다. 이 같은 상황은 미완성의 구조조정으로 인한 전형적인 증상이다.

한국정부는 1997년 외환위기를 계기로 대대적인 구조조정을 천명했고 실제 몇 가지는 적극적으로 추진했다. 하지만 현 시점에서 볼 때 구조조정이 제대로 이뤄졌다고는 보기 어렵다.

구조조정은 한국에만 부여된 특수상황이 아니다. 미국은 1960년대 중반부터 누적된 산업의 비효율성에 따른 심각성을 뒤늦게 깨닫고 1982년 구조조정을 시작했다. 무려 16년이 지난 1998년이 되어서야 구조조정을 통한 가치창출의 결과로 주식시장이 경제수준과 일치하는 상태로 회복되었다.

영국의 경우 1980년대 중반 대처 시대에 구조조정이 시작된 이후 지금까지 계속되고 있으나 아직도 해결해야 할 과제가 많이 남아 있다.

러시아는 근 1세기에 걸친 공산체제 붕괴 이후 이제 막 구조조정을 시작했다. 싱가포르는「지속적인 구조조정 철학」을 수십 년 간 추구해왔다. 반면 일본은 1998년「거품경제」붕괴 이후 구조조정 노력을 게을리했으며 이로 인해 큰 고통을 겪고 있다.

1980년대 초 번영을 구가하던 일본경제의 성장 속도는 완전히 느려졌다. 앞으로 일본경제는 진지한 개혁과 뼈를 깎는 구조조정 노력이 없다면 이 같은 둔화세에서 벗어나기 힘들 것으로 보인다.

딜로이트 컨설팅 ▶▶▶ 한국 구조조정의 현주소

지금이 구조조정의 마지막 기회

여기에서 한국이 얻을 수 있는 교훈은, 구조조정이 일회적 처방으로 끝나는 것이 아니라 몇 단계를 밟아 장기간에 걸쳐 진행된다는 것이다. 더욱 중요한 것은 구조조정에서 정부는 방향을 제시할 뿐 실질적으로 고된 작업을 실천해야 할 주체는 바로 우리 자신이라는 점이다.

여기에서 우리는 모든 근로자, 중간관리자, 최고경영진을 의미한다. 따라서 성공적인 구조조정을 위해서는 정부보다는 기업의 강한 리더십이 필요하다.

구조조정 완결이라는 정상에 도달하기 위해서는 작은 언덕들을 수없이 넘어야 한다. 지름길은 없다. 그리고 잊지 말아야 할 것은, 산을 오르는 과정에서 우리 모두는 서로에게 도움을 줄 수 있다는 것이다. 지금 못 하면 한국은 영원히 구조조정을 못 하게 될지도 모른다.

기업위기돌파 처방(가치창조경영)

옛 관행 매달린 CEO가 회사를 망친다

요즘처럼 경제가 어려울 때마다 기업들은 허리를 졸라매고 감량경영과 구조조정에 몰두하게 마련이다. 전반적인 세계경제 침체상황에서 국제화된 기업조차 보수적인 접근을 하는 것이 일반적이다.

대부분의 기업들은 너나 할 것 없이 다운사이징(downsizing)을 능사로 알고 있다. 그러나 과연 이런 접근으로 현재의 난국을 타개하고 기업의 장기적인 생존을 확약할 수 있을까?

한국기업 리더(오너 및 최고경영자)들 중 상당수는 1970~80년대 고도성장기에 단련받은 사람들이다. 이들은 전방위적인 추진력은 갖췄지만 현재 한국기업의 절대과제인 「선택과 집중」에는 낯설다.

기업이 「선택과 집중」을 하려면 최고경영자(CEO)가 새 비즈니스 흐름을 똑바로 보는 안목을 가져야 하고 창의적인 발상의 모체가 되어야 한다. 하지만 고도성장기에 비즈니스 일선을 누볐던 기업 리더 중에는 그런 훈련을 받아본 사람이 드물다. 개인적인 능력이 모자라서가 아니라 그럴 기회를 갖지 못했기 때문이다.

이들은 통제와 지시 중심의 기업문화, 팀워크, 헌신적 업무태도, 신속한 업무처리 등을 통해 큰 업적을 쌓았지만 이제는 이런 방식이 더 이상 통하지 않게 됐다는 것을 알아야 한다.

사실 그 동안 대부분의 한국기업인들은 확고한 전공선택 없이 전방위적인 사업확장에만 힘써왔다. 상대적으로 자산 자본, 인력 등 생산요소의 효율적인 배분에는 소홀할 수밖에 없었다.

그 결과 경직된 기업조직, 높은 물류비용과 외부기술 의존도 등에 부딪혀 재무구조 문제까지 겹쳐 떠안게 됐다.

이제 기업들은 수익성 개선을 위해 불필요한 비용을 줄이고 있고 자산과 자본 및 인력의 생산성 향상에도 관심을 기울이고 있다. 하지만 이런 것은 누구나 할 수 있는 것이고 과거의 불황기에도 활용해왔던 도구들이다.

지금 이 시점에 경영자들에게 요구되는 것은 수익성이 가장 높은 분야가 무엇인지를 확실하게 짚어내서 집중적으로 투자할 수 있는 능력과 안목, 그리고 결단력이다. 이를 달성하지 못하고 축소경영만을 능사로 아는 최고경영자는 장기적으론 그 자신이 기업의 걸림돌이 될 것이다.

델과 SAP의 교훈

IBM, 휴렛팩커드, 컴팩에 이어 세계 4위를 달리고 있는 컴퓨터 제조업체인 델 컴퓨터의 사례에서 한국기업인들은 많은 것을 배울 수 있다. 이 회사는 지난 5년 간 연평균 100% 이상의 놀라운 주주가치 증가율을 기록했다. 즉 주주들에게 100배에 가까운 이익을 환원했다는 얘기다. 한국 거래소 상장기업의 같은 기간 주식가치 수익률이 평균 0.01%였던 것을 감안하면 델 컴퓨터의 경이적인 성과를 짐작할 수 있을 것이다. 이 회사가 창조한 부가가치의 절반 이상은 투자 효율성이 높은 분야에 대한 집중투자를 통해 얻었다는 사실을 주목해야 한다.

델 컴퓨터는 운전자본(working capital)의 효율적인 관리와 더불어 온라인 주문생산을 도입하여 1994년 32일이었던 재고자산 보유기간을 평균 6일로 단축시켰다. 이것은 동종업계 최고 수준이었다. 소매 체인 판매를 하는 경쟁업체들이 평균 50일 간 재고자산을 보유하고 있다는 사실과 가격 변동이 심한 컴퓨터 관련 제품의 재고 위험을 고려한다면 엄청난 비용절감이 아닐 수 없다.

또한 델 컴퓨터는 웹사이트를 이용한 직접판매는 물론, 부품 공급업체와 온라인으로 데이터를 공유하는 주문생산방식에 대한 적극적인 투자로 향후 전체 매출의 50%를 온라인에서 올리겠다는 계획을 가지고 있다.

이런 투자는 시장의 발빠른 요구에 대응할 수 있는 여건을 마련해주었다. 델 컴퓨터와 함께 세계 제4위의 소프트웨어 공급업체인 독일 SAP사도 성장투자를 통해 매출을 급속히 향상시키면서 수익성을 안정적으로 확보해나가는 데 성공했다. 특히 전사적 자원관리 시스템(ERP) 분야에서는 독보적인 위치를 차지하고 있는데, 다음 순위의 5개 경쟁업체의 시장점유율을 합친 것보다도 높은 시장점유율을 기록하고 있다.

SAP의 성과에 더욱 주목하는 이유는 후발 경쟁업체의 도전으로 인한 주가하락과 성장둔화의 어려움을 딛고 일어선 점이

> 지금 경영자들에게 요구되는 것은 수익성이 가장 높은 분야를 확실하게 짚어내서 집중적으로 투자할 수 있는 능력과 안목과 결단력이다.

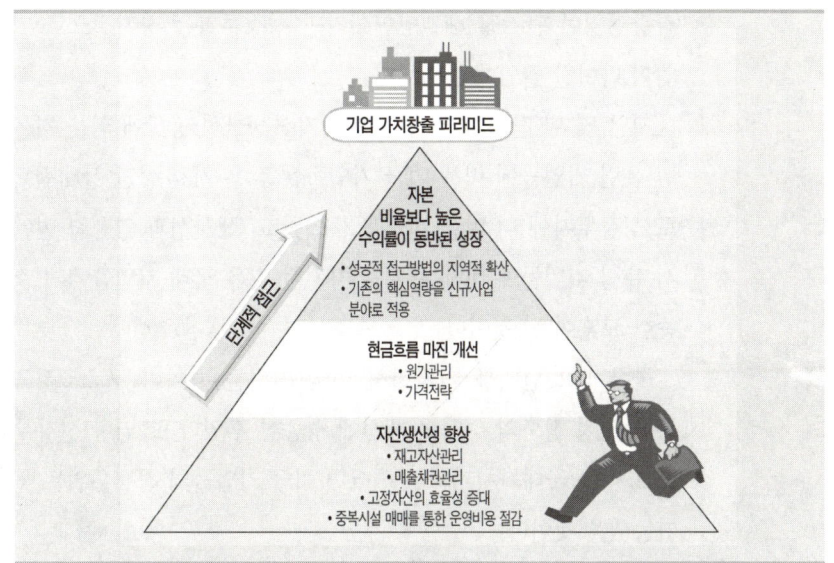

다. 전문성을 갖추고 있으면서도 응용력이 뛰어난 후발 소프트웨어 업체로부터 시장을 잠식당할 우려가 현실화되면서 SAP의 주가는 1998년 이후 하락했다. 그러나 SAP은 이런 위기상황에서도 자사의 모든 연구개발(R&D) 자원을 새로운 과제에 투입해 왔다. 그러면서 ERP 이외에도 고객 인터페이스나 공급업체 통합 프로그램 등을 잇달아 내놓으며 위기를 정면 돌파하는 데 성공한 것이다. 이러한 투자로 SAP은 급변하는 소프트웨어 시장에 탄력적으로 대응해나갈 수 있는 기반을 마련하는 데 성공했다.

「가치창조」만이 살길

델 컴퓨터와 SAP의 사례는 감량경영만을 추구하고 있는 한국 기업에 또 다른 방법론인 「가치창조경영」을 제시해주고 있다.

감량경영이 단기적 해결방안이라면 성장투자는 장기적으로 기업이 나아갈 길임에 분명하다.

지난 몇 년 간 구조조정을 통한 자산생산성 향상에 힘을 기울인 유럽 기업들에 비해 미국 기업들은 같은 기간 동안 상대적으로 성장투자에 더 많은 비중을 두어왔고, 생산성과 경쟁력 면에서 유럽 기업들에 비해 우위를 차지한 것은 국내 기업들에게 소중한 교훈이 될 것이다.

물론 1980년대를 거치면서 미국 기업들은 이미 구조조정을 통한 일정 정도의 수익성 개선에 성공한 후였다. 그러나 성장투자로 이를 극대화시키지 못했다면 미국 기업들의 경쟁우위는 불가능했을 것이다.

무조건적 축소가 아닌 선별투자를

불황기를 맞은 한국기업들도 구조조정의 초점을 「무조건적인 축소」에 맞춰서는 안 된다. 불합리하고 저효율부문에 분산된 기업의 역량을 수익성이 높은 핵심 사업군에 재배치하는 「선별투자」를 해야 한다. 「마른 걸레를 또 짠다」는 식으로만 나가면 기업이 도산되는 위기는 넘길지 몰라도 세계적인 경쟁력을 갖춘 기업으로의 재탄생은 기대하기 힘들다.

옥석을 고를 줄 아는 안목과 수익성 높은 분야에 대한 적극적인 투자가 요구되는 시점이다. 동시에 새 성장 분야를 이끌어갈 인재를 발탁하고 전면에 포진시켜 조직에 신선한 기풍을 부여하는 것도 최고경영자의 몫이다.

이병남(보스턴 컨설팅 그룹 부사장)

THE BOSTON CONSULTING GROUP

디스플레이 등 공격투자 주효

1995년까지 삼성전자의 총매출에서 반도체 부분이 차지하는 비율은 48%에 달했다. 한 마디로 주력 분야인 반도체 가격의 폭락은 곧바로 삼성전자 전체의 수익성 악화를 의미했다.

실제로 1996년부터 반도체 현물가격은 75%까지 폭락했다. 우려가 현실로 나타난 것이다.

삼성전자는 이러한 반도체 가격 폭락으로 인한 경영악화에 대응하기 위해서 가격변동이 심한 D램 부분에 대한 추가 투자를 자제하고 수익성이 낮은 소비재 제품을 중심으로 일단의 사업 분야를 정리했다. 그 대신 향후 빠른 성장과 높은 부가가치가 기대되는 이동통신 단말기, 디스플레이 부분에 대해서는 공격적으로 투자했다.

차세대 핵심사업에 선별 투자한다

이러한 결과로 1996년 삼성전자의 제품 포트폴리오가 가전(50%), 반도체(40%) 두 분야에 절대적으로 집중돼 있던 것이 1999년에 이르러서는 가전(28%), 반도체(35%), 이동통신 단말기(21%), 디스플레이(15%)를 중심으로 균형을 이루게 됐다.

이를 통해 삼성전자는 안정적으로 수익구조를 가져갈 수 있었을 뿐 아니라 향후 이동통신 단말기와 디스플레이 분야에 대한 시장선점이 가능했다.

현재도 삼성전자가 박막액정 표시장치(TFT-LCD), 부호분할다중접속(CDMA) 분야에 대한 세계적인 경쟁력을 확보한 것은 이러한 선별투자를 통해 가능했던 것이다.

삼성전자의 이러한 차세대 핵심 사업군에 대한 선별투자는 삼성전자뿐 아니라 전자 관련 계열사, 더 나아가 삼성그룹 전체의 수익성 개선에 크게 기여했다.

이 기간 동안 삼성전자가 기록한 총주주수익률(TSR) 36%는 아시아 전체 기업 중에서도 11위에 해당하는 높은 것이고, 부가적 현금가치(CVA)도 1997년에 비해 열 배 이상 개선됐다.

안정적 수익구조를 창출한다

자산생산성(AP) 측면에서도 1996~99년까지 삼성그룹의 비전자부문 계열사들의 자산생산성이 0.48에서 0.54로 큰 변동이 없는 반면, 삼성전자를 위시한 전자부문 관련 계열사들의 자산생산성은 0.75에서 1.35로 두 배 가까이 개선된 것은 이러한 맥락이다.

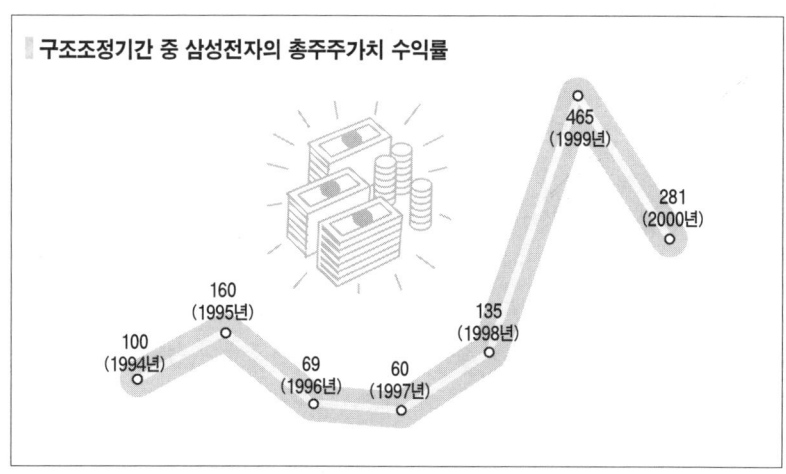

구조조정기간 중 삼성전자의 총주주가치 수익률

보스턴 컨설팅 그룹 ▶▶▶ **삼성전자** 사례

　삼성그룹 전체 매출에서 전자부분 8개 계열사들의 비중이 절대적임을 감안한다면, 삼성전자의 이러한 변화는 그룹 전체의 자산생산성 향상과 수익성 개선에 막대한 영향을 끼쳤음을 알 수 있다.
　즉 삼성전자는 불필요한 사업부문에 대한 정리를 통해 전체 투자 규모는 줄이면서도 부가가치가 높은 차세대 핵심사업군에 대한 적극적 선별투자로 수익성 개선에 성공, 기록적인 성과를 달성할 수 있었다. 하지만 기업가치 창출은 일과성 과제가 아니다.
　2000년 말 성과는 우수했으나 아직 지속적인 해결과제가 있고 이는 올해의 성과에도 나타나고 있다.
　향후 운영 초점 사항은 크게 핵심 고수익 한계 사업의 비중을 조정하는 수익성 관리와 총투자관리로 미루어 볼 수 있을 것이다.

잘 달리는 말 비싸게 팔고 새 말 키워라

1997년 외환위기 이후 신문 경제면을 가장 많이 장식한 단어는 아마 「구조조정」일 것이다. 부채를 감당하지 못하는 기업들을 빨리 퇴출시키기 위해 워크아웃 등 여러 제도가 도입되었고, 기업 간 빅딜 등을 통해 산업 구조조정도 추진돼왔다.

하지만 아직도 구조조정의 가시적 성과는 요원한 듯하다. 외국의 국가신용도 및 기업평가기관들은 『한국의 구조조정이 좀더 신속하고 적극적으로 이루어져야 한다』고 지적하고 있다.

이에 부응하자면 정부주도의 산업 구조조정도 중요하다. 하지만 더 중요한 것은 기업들이 자신의 사업을 냉철히 평가하고 이를 바탕으로 지속적인「사업구조조정」을 해나가는 것이다.

사업 구조조정은 「경주마 바꾸기」

기업은 처음에는 한 가지 분야를 기반으로 사업을 시작하지만 기업이 성장함에 따라 사업영역 확장을 꾀하는 속성을 갖고 있다. 기업이 경영하고 있는 여러 사업의 구성을 「사업 포트폴리오(business portfolio)」라고 하는데, 이를 시의적절하게 재구성하는 것이 사업구조조정이다.

구체적으로는 유망한 새 사업을 추가하거나, 가치창출이 점차 떨어지는 사업을 정리하거나, 다른 기업이 자신보다 더 매력적으로 평가하는 사업부문을 비싸게 파는 것 등을 말한다.

사업구조조정은 「경주마 바꾸기」와 비슷하다. 유능한 마주는 끊임없이 말을 바꾼다. 설사 아주 잘 달리는 말이라도 다른 마주가 자신보다 더 탐을 내고 잘 키울 것이라는 확신이 서면 판다. 그 대신 그는 마음에 드는 새끼 말을 사서 키운다.

기업은 원하든 원치 않든 사업구조조정을 해야 한다. 그 필연성은 다음 네 가지로 분류된다.

첫째, 경영환경이 변하면 「사업매력」도 변한다. 현재 남들이 부러워하는 아주 매력적인 사업도 시장이 포화상태가 된다든지, 이익을 보고 달려드는 경쟁자가 너무 많아진다든지, 고객 취향이 예기치 않게 갑자기 바뀐다든지 하는 경우가 생기면 하루아침에 전혀 매력적이지 않은 사업으로 전락할 수 있다.

과거 10년여 동안 한국의 효자산업이었던 반도체 D램 사업도 지금은 가격이 너무 떨어져 해당기업들이 고전을 면치 못하고 있는 것은 「사업매력의 부침」을 보여주는 극명한 사례다.

> 매력적인 사업도
> 시장이 포화
> 상태가 되면
> 가치가 추락한다.

이는 앞서 나가는 최고경영자라면 10년 정도는 내다보고 사업재구성을 미리 준비해야 한다는 것을 말해준다.

둘째, 기업이 경영하는 모든 사업이 한결같은 이익을 낼 수는 없으며 현실적으로 기업의 수익창출에 기여하는 사업부문은 일부에 그친다. 이 때문에 기업들은 필연적으로 이익을 내지 못하는 사업들을 털어내야 한다.

적절한 포트폴리오 구성이 성공 키워드

그렇다면 평균적인 기업들의 경우 전체 사업부문 중 몇 % 정도가 구조조정 대상이 될까.

경영학자들은 「파레토(Vilfredo Pareto)의 법칙」이 이 문제에도 적용될 수 있다는 것을 실증적인 연구를 통해 알아냈다.

19세기 이탈리아 경제학자인 파레토는 전체 인구의 약 20% 정도가 전체 부의 80% 정도를 보유하고 있다는 사실을 밝혀냈

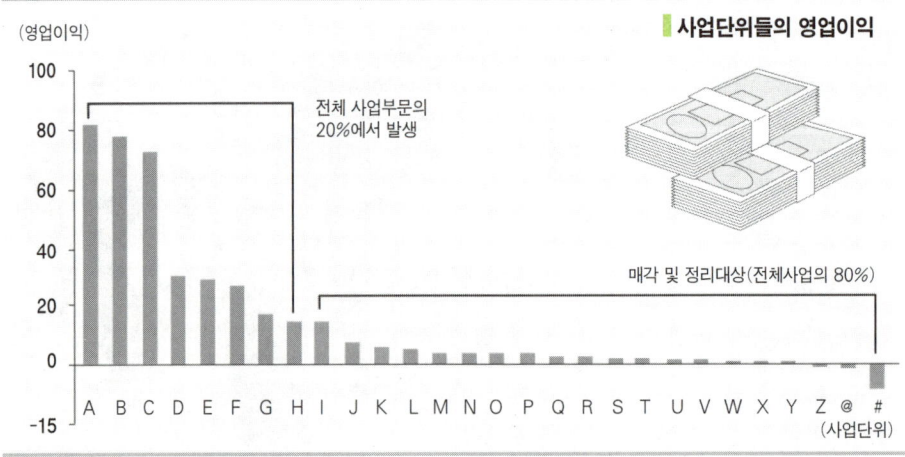

사업단위들의 영업이익

다. 이후 경영학자들은 파레토의 법칙을 여러 경영 분야 연구에 적용, 발전시켜왔다. 예를 들면 전체 고객의 약 20%가 기업 매출의 80%를 차지한다든지, 전체 공정 중 20%에서 불량률의 80%가 발생한다든지 하는 것이다. 사업 포트폴리오에서도 이런 법칙을 찾아낼 수 있다.

베인 & 컴퍼니 조사결과 실제로 28개의 독립 사업부문을 가진 한 다국적기업의 경우 7개 사업부문이 전체 영업이익의 80%를 벌어들이고 있었다. 이 경우 최고경영자는 나머지 21개 사업부문을 놓고 「철수, 매각 등의 여부」를 빨리 결정해야 한다.

셋째, 경영자가 관심을 기울이고 경영할 수 있는 「경영의 범위」는 제한적일 수밖에 없다는 점도 사업구조조정의 필연성을 뒷받침한다. 사람이 잘 기억할 수 있는 개수의 한계는 일곱 가지라는 연구결과가 있다. 한 기업의 사업부문이 28개쯤 되면 최고경영자가 모두에 관심을 갖는 것은 불가능할 것이다. 이 경우 관심이 덜 가는 사업부문에 대해서는 자원배분이 적절히 이루어지지 않아 결국 부실화될 가능성이 높다.

최고경영자가 관심을 기울일 수 없는 사업은 차라리 그 사업에 관심을 기울일 수 있는 다른 기업에 매각하는 것이 기업가치를 극대화하는 방법이다.

넷째, 기업의 자원은 한정적이다. 기업이 사용할 수 있는 자본이 무한정하지 않으므로 사업투자 결정시 과연 이것이 다른 어떤 투자기회보다 나은 최적의 의사결정인가는 항상 자문해봐야 할 것이다.

> 사업구조조정을 실행하기 위해서는 현재 보유하고 있는 사업에 대해 계속 보유하고 있을 것인지, 아니면 매각 또는 청산할 것인지를 결정해야 한다.

가치창출기회로 사업 평가

사업구조조정을 실행하기 위해서는 현재 보유하고 있는 사업에 대해 계속 보유하고 있을 것인지, 아니면 매각 또는 청산할 것인지를 결정해야 한다. 이를 위해 베인 & 컴퍼니 컨설팅사의 경우 「가치창출기회」와 「경영진(기업본부)의 역할」이라는 두 가지 기준으로 각 사업을 평가한다.

기업이 높은 평가를 받으려면 우선 가장 큰 가치를 창출할 수 있는 사업에 자금과 최고경영자의 관심이 집중되어야 한다.

다음엔 다른 경쟁기업보다도 가치창출기회를 가장 잘 실현시킬 수 있을 때 그 기업에 투자한 주주들은 투자수익을 극대화할 수 있을 것이다. 첫번째 기준인 가치창출기회는 사업의 기존가치와 사업의 최대 잠재력이 달성됐을 때의 가치와의 차이를 나타낸다.

사업의 기존가치는 지금까지 해오던 방식으로 사업을 운영했을 경우의 가치인 반면, 사업의 최대 잠재력은 사업의 운영을 개선하고 새로운 성장기회를 달성했을 경우 실현할 수 있는 사업의 가치를 말한다. 운영의 개선은 크게 기존 사업영역 내에서의 매출증대와 비용절감으로 나눌 수 있다.

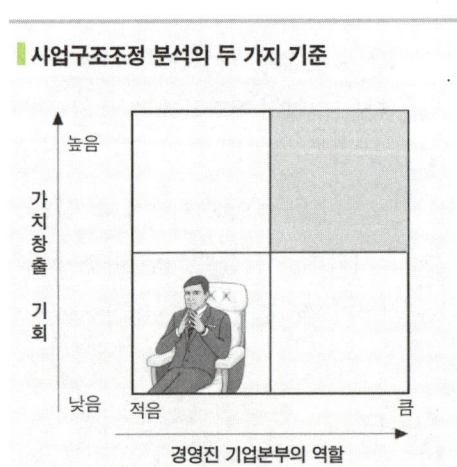

사업구조조정 분석의 두 가지 기준

매출증대의 경우 고객층을 확대한다든지, 기존 고객에게 더 많은 제품을 판매한다든지, 아니면 이탈하는 고객의 비율을 줄인다든지 하는 여러 가지 방법을 사용할 수 있다. 비용절감의 경우 주로 경쟁사와 재료비, 인건비, 공통경비 등을 비교하여 각 부문의 절감기회를 찾는 벤치마킹이 많이 사용된다.

새 성장기회를 찾는 것도 중요한데 완제품 제조업에서 부품제조업이나 도소매업 등으로 진출한다든지, 국내시장을 벗어나 해외시장으로 진출한다든지 하는 여러 가지 인접기회를 모색해볼 수 있다. 기존 사업의 운영 개선과 성장기회를 모두 파악하고 나면 가치창출기회를 수치화할 수 있는데, 가치창출 기회가 낮은 사업보다는 높은 사업에 투자와 경영층의 관심을 집중시켜야 함은 당연하다고 하겠다.

경영진 역량이 사업유지 여부 결정

그렇다면 가치창출 기회가 높은 사업은 무조건 보유하고 있어야 하는 것일까? 문제는 이런 가치창출 기회를 제대로 실현시키는 데 필수적인 경영진의 역량(기업본부의 역할)을 우리 기업이 제대로 갖추고 있느냐는 것이다.

사업의 가치창출 기회를 수익 모델로 구체화시키는 데는 다양한 경영활동이 필요하다.

경영진(기업본부)의 역할로는 사업 비전과 전략적 방향의 설정, 각 사업 간 자원 배분, 사업 간 시너지 파악 및 연계, 기술 및 전문성의 공유, IT 구매 등의 공통 서비스 제공, 홍보 등을 들 수 있다. 앞서 나가는 기업들은 다른 어떤 기업보다 자신이 그 사업을 최고로 잘 할 수 있다고 확신할 때만 그 사업을 계속한다. 「아니다」고 판단할 경우 자신보다 더 큰 가치를 창출할 수 있는 다른 기업에 사업을 매각하는 것이 낫다.

신영욱(베인 & 컴퍼니 이사)

BAIN & COMPANY

베인 & 컴퍼니 ▶▶▶ 유럽푸드사 사례

각 사업 분할매각 – 주가 1년 새 18% 상승
가치창출 극대화 성공

 푸드(Food)사는 애완동물용 먹이, 식품첨가물, 식품유통 등의 사업을 영위하는 유럽의 대표적인 식료품 제조회사다. 회사 주가는 1995년 8월부터 떨어지기 시작했고 현금흐름은 3년째 마이너스를 기록하고 있었다. 결국 이 회사는 베인 & 컴퍼니 컨설팅에 사업구조조정을 위한 전략 수립을 요청했다.

 베인 & 컴퍼니는 푸드의 여섯 개 사업부문에 대해 각각의 「가치창출기회」를 평가했다. 또 푸드 경영진은 각 사업에 대해 기업본부로서의 역할을 제대로 수행하고 있는가도 분석했다. 분석결과 가치창출 기회도 높으면서 푸드가 기업본부로서 가치증대에 기여하는 사업은 없는 것으로 밝혀졌다.

 베인 & 컴퍼니는 각 사업을 하나씩 분할해서 매각할 것을 제안했다. 푸드사는 이 제안을 받아들여 분할매각을 추진했다. 그 결과 돼지유전자 사업을 제외한 다섯 개 사업을 매각하게 됐다. 푸드의 주가는 그 1년 동안 약 180% 상승했고 주주들은 가치를 극대화시킬 수 있었다.

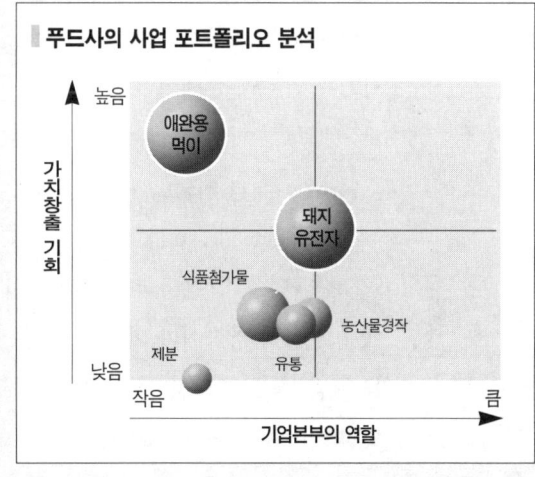

푸드사의 사업 포트폴리오 분석

리스크 관리

사람으로 리스크를 관리하라

최근 미국의 테러 사건을 계기로 기업의 리스크 관리가 새로운 화두로 떠오르고 있다. 이번 사건을 통해서도 확인한 바와 같이 세계경제가 점점 글로벌화되고 기업환경이 훨씬 복잡해지면서 기업에 치명적인 영향을 줄 수 있는 무수한 위험요소들이 기업의 안팎에 산재해 있다.

사업의 지속성을 위해 리스크를 관리하라

그렇다면 기업에게 리스크(risk)란 무엇인가? 리스크는 기업에게 부정적 영향이나 피해를 줄 수 있는 가능성을 가진 모든 것을 일컫는다. 따라서 리스크의 종류는 광범위하며, 리스크의 발생영역, 형태, 원인 또는 리스크로 인한 손실의 형태에 따라 여러 가지로 분류가 가능하다. 일반적으로 기업에 관한 리스크는 크게 재정적 리스크(financial risk), 경영상의 리스크(operational risk), 사회정치적 리스크(socio-political risk), 그리고 법적인 리스크(legal risk)로 나눌 수 있다.

리스크 관리는 기업의 부가가치를 높이는 관리기술로서 최근 많은 관심을 모으고 있는 전문 영역이다. 기업의 리스크 관리는 기업이 직면할 수 있는 모든 위험요소에 대한 체계적 분석을 통해 리스크가 무엇인지를 인식하고, 각각의 리스크가 비즈니스에 미칠 영향 또는 잠재성을 고려해 적절한 대비책을 준비하는 것을 말한다. 리스크가 효과적으로 관리될 경우 기업은 부가가치를 창출할 수 있고 반대의 경우 가치파괴로 이어진다. 선진기업들의 경우 리스크 관리가 사업의 지속성을 유지하기 위한 필수적인 과제임을 인식하고 체계적으로 관리하고 있다.

이번 월드 트레이드 센터 테러 사건의 경우에도 그 빌딩에 입주해 있던 많은 세계적 금융기관들은 최악의 리스크 시나리오를 현실로 직면하게 되었다. 만약 그 기업들의 리스크 관리 개념과 시스템이 부재했고 리스크 관리가 기업문화로서 뿌리내리지 않았더라면 이번 월드 트레이드 센터 연쇄테러 사건이 가져온 경제적·사회적 손실은 상상을 초월했을 것이다. 하지만 우리는 이번 사건을 통해 우리보다 훨씬 앞서 있는 선진기업들의 리스크 관리 수준을 생생히 목격했다.

리스크 관리를 기업문화로

무엇보다도 리스크 관리에 가장 중요한 토대는 인적 요소다. 사람이야말로 실제 리스크를 관리하는 주체이기 때문이다. 설령 한 기업이 최고 수준의 리스크 관리에 관한 법규, 시스템, 방법론 등을 가졌다 할지라도 이 모든 것을 충분히 이해하고 실천하고 개선할 수 있는 사람이 없다면 그것 자체가 심각한 리스크 요소가 될 수 있다. 사실 리스크 관리 시스템 그 자체가 유용한 것이라고는 할 수 없다. 조직의 리스크 관리 시스템 및 절차와 자신이 별개가 아님을 인식하고 적절한 교육과 훈련을 받은 사람이 없다면 리스크 관리는 무용지물에 지나지 않는다.

이처럼 리스크 관리의 토대가 되는 인적 요소의 효용성을 극대화하기 위해서는 리스크 관리가 기업문화로 확립되어야 한다. 쉬운 예로 소방훈련을 들 수 있다. 회사가 입주한 건물이 아무리 평상시에 소방관리를 철저히 하고 법규를 준수한다 해도 평소에 입주자들을 대상으로 소방훈련을 하지 않는다면, 실제 화재가 발생했을 경우 입주자들은 신속하게 대피하지 못하고 우왕자왕하게 될 것이다.

더구나 기업은 끊임없이 새로운 리스크에 직면하며, 기업인들은 그들이 인식하건 하지 않건 간에 항상 리스크를 다루고 있다. 비즈니스란 비즈니스와 연관된 리스크를 이해하고 옳고 현명한 판단과 결정을 내리는 것이라 해도 과언이 아닌 것이다. 따라서 조직원 또한 끊임없이 교육되고 훈련되어야 한다. 그리고 그것이 개인의 업무평가에 반영되어 리스크 관리에 대한 동기부여가 이루어져야 한다.

기업 내 개개인 모두가 리스크 관리자다. 이는 조직원 하나하나가 적극적이고 책임감 있는 균형 잡힌 사고방식을 갖는다는 것을 의미한다. 하지만 한국의 기업들은 매우 수직적인 조직구조를 유지하고 있다. 이러한 구조는 비즈니스의 성격이 동적일 경우에 효과적일 수 있지만, 지금과 같이 유연성과 신속한 대응

> 리스크 관리의 토대가 되는 인적 요소의 효용성을 극대화시키기 위해서는 리스크 관리가 기업문화로 확립되어야 한다.

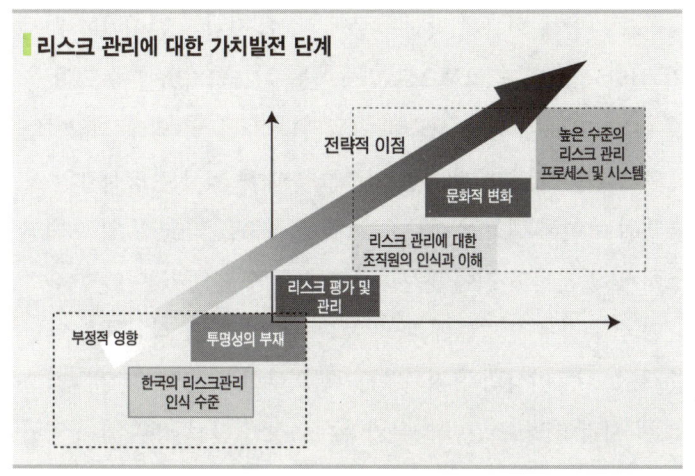

메커니즘을 요구하는 글로벌한 경제환경에서는 효과적이지 않다. 모든 기업이나 기관은 각기 다른 문화를 갖고 있다. 중요한 것은 각자의 문화에 맞는 리스크 관리 모델을 갖고 있어야 한다는 것이다. 리스크 관리를 위한 절대적 모델과 문화라는 것은 없다. 효율적인 모델과 문화가 존재할 뿐이다.

인적 요소, 리스크 관리의 토대

기업의 인적 요소는 리스크를 관리하는 주체인 동시에 그 자체가 리스크 요소일 수 있다. 직원의 부정행위나 무능, 성희롱, 인종 또는 성차별, 교육, 인사평가, 업무 중의 사고나 재해, 노조 등의 문제는 모두 인적 요소와 관련된 리스크다. 제조업보다 서비스업이라면 인적 요소와 관련된 리스크가 더 클 것이다.

예를 들어 모 회사의 전산 시스템 책임자가 자신의 실책이나 부정행위로 인해 어느 날 갑자기 해고를 통고받았다고 가정해보

자. 그로 인해 회사에 앙심을 품게 된 이 사람은 순식간에 회사의 전산 시스템을 엉망으로 만들어놓고 사라져버릴 수도 있을 것이다. 따라서 전산 시스템 책임자나 재정 및 회계 책임자와 같이 민감한 직위에 배치된 인력들에 대해 회사는 당사자의 부당행위로 인해 해고될 경우 위와 같은 상황을 막을 수 있는 여러 조치 및 절차를 사전에 명문화하고 사규로 제정해놓아야 한다.

미국의 경우 연방법에 따라 모든 금융기관의 직원들은 일년 중 최소 2주 이상의 휴가를 가도록 의무화되어 있다. 일반적으로 한 사람이 맡고 있던 업무가 2주 이상 중단될 경우 전체 영업에 지장이 있게 되고 그 동안 다른 사람이 임시로 업무를 맡을 수밖에 없게 된다. 따라서 만약 휴가를 간 사람이 회사로서 리스크가 될 만한 실책이나 과오를 계획하거나 하고 있을 경우 그것이 자연스럽게 밝혀지게 된다. 이 또한 인적 요소와 관련된 리스크를 관리하기 위한 제도적 장치라고 할 수 있다.

그렇다면 한국기업들의 리스크 관리 수준은 어느 정도일까? 한 마디로 아주 낮다고 할 수 있다. 특히 어떤 문제나 재난이 닥치면 그저 운이 없어서 그렇다고 여기는 한국인 특유의 정서는 리스크를 체계적으로 예상하고 대비하는 문화를 정착시키는 데 걸림돌이 되고 있다. 또한 투명성과 기업지배구조, 그리고 합리적인 인력관리 및 평가가 전제되어야만 리스크 관리를 위한 환경이 조성될 수 있다. 리스크 관리가 기업 안의 문화로 정착하기 위해서는 무엇보다도 CEO를 비롯한 경영진의 리더십이 중요하며, 항상 위기상황에 대한 시나리오와 대응 시스템을 마련해 평상시 반복 훈련해야만 리스크를 막거나 그로 인한 피해를 줄일 수 있다

리스크 관리가 기업 안의 문화로 정착하기 위해서는 무엇보다 CEO를 비롯한 경영진의 리더십이 중요하다.

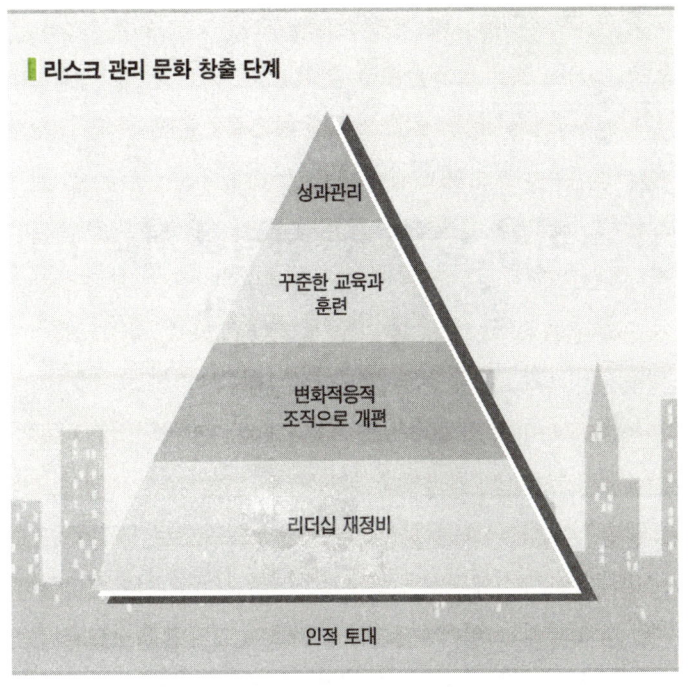

리스크 관리 문화 창출 단계
- 성과관리
- 꾸준한 교육과 훈련
- 변화적응적 조직으로 개편
- 리더십 재정비
- 인적 토대

　리스크 관리는 특정 산업에만 필요한 것이 아니라 모든 산업 분야에 비즈니스의 영속성을 유지하기 위해 필수적인 과제다. 회사의 규모가 1인 사업장이건 수천의 직원을 거느린 대기업이건 간에 그 중요성은 차이가 없다. 지금이야말로 리스크 관리의 중요성과 특히 인적 요소의 중요성에 대한 인식을 새롭게 할 때다. 한국의 외환위기는 리스크 관리의 부재로 치러야만 했던 혹독한 대가였다. 만약 한국이 리스크를 대비하는 문화와 시스템을 가졌더라면 IMF 위기의 파장은 훨씬 덜했을 것이다.

데이비드 비커리(딜로이트 컨설팅 파트너)

불황기 원가절감 비방

비용 줄일 곳 선별해서 확실히 추진하라

국내는 물론 전세계적으로 정보통신산업의 침체와 신산업의 부진 등으로 기업들은 장기불황의 공포에 휩싸여 있다. 1~2년 전만 하더라도 많은 기업들이 신경제(new economy)의 장기호황을 확신하면서 대규모 투자를 계획했으나 지금은 신규투자를 추진하는 기업이 드물다.

물론 신수종(新樹種)사업을 선정하는 등 공격경영을 펼치는 기업들이 전혀 없는 것은 아니다.

하지만 세계적인 히트 상품을 내놓을 수 있으면 모를까, 현재와 같은 세계 동시 불황기에는 매출증대전략이 기대에 못 미치게 마련이다.

그렇다면 시장수요 축소기에 기업은 어떻게 해야 살아남을 수 있을까. 방법은 내부혁신을 통해 경쟁력을 높이는 길뿐이다. 구체적으로 당장 해야 할 일은 비용을 줄이는 것이다.

A.T.커니의 분석에 따르면 현재 약 92%를 넘는 국내 정보통

신사업자의 평균 원가율을 해외 일류기업들의 평균인 82%선으로 낮출 경우 약 2조 원 규모의 순기업가치 증대를 기대할 수 있는 것으로 파악됐다.

이들 기업이 매출을 늘려 2조 원대의 순기업가치 증대를 가져오려면 약 20조 원(현재 매출의 두 배 규모)의 추가매출을 올려야 한다. 이 같은 매출증대는 현재와 같은 경제상황에서 절대로 불가능하다.

이제 불황기에는 매출 늘리기보다는 원가경쟁력을 높이는 데 전력투구를 해야 하는 이유가 자명해진다. GM, 델, 시스코 시스템즈 같은 세계 초일류 기업들이 현재 대규모 원가절감 프로그램을 추진 중인 것도 바로 이 때문이다.

「마른 걸레 다시 짜기」식은 효과 없다

불황기에 원가를 절감해야 한다는 것은 상식이다. 하지만 전방위적인 비용절감, 「마른 걸레도 다시 짠다」는 식의 비용절감만으론 한계가 있다는 것을 A.T.커니는 컨설팅 경험을 통해 알고 있다.

비용절감도 전략적으로 추진해야 효과를 거둘 수 있다. 이 전략을 잘못 세우면 역효과를 초래할 수도 있다.

이제 A.T.커니가 제안하는 「전략적 원가절감 프로그램(next generation cost reduction : NGCR)」에 대해 알아보자.

지난 1970년대에는 일률적인 비용 삭감을 통해 즉각적인 「코스트 다운」 효과를 노렸다. 이 방식은 일회성으로 지속적인 원가경쟁력 제고에는 금방 한계를 노출했다. 하향평준화식 일률적 원가절감은 더 이상 통하기 힘들게 됐다.

1980~90년대 중반까지는 직원 개개인의 업무수행에 걸리는 시간인 「리드 타임(lead time)」을 줄여 비용절감효과를 거두는 「업무 프로세스 재설계」가 유행했다. 또 전사적인 구매비용절감을 위한 「소싱 프로그램 구축」도 각광을 받았다.

이후 1990년대 후반 들어 등장한 원가절감 방식이 「아웃소싱」이다. 이는 기업의 자원을 핵심 역량에 집중하고 비핵심 분야는 자신보다 싸게 공급할 수 있는 외부 업체에 맡기는 것이다.

시장축소기에는 전략적 원가관리를

이 프로그램은 지속적으로 비용을 줄이는 데는 탁월하지만 채택 분야가 아무래도 제한적이라는 문제점을 갖고 있다. 그렇다면 전략적인 관점에서 광범위하고 지속적으로 비용절감을 도모할 수 있는 NGCR에 관심이 가지 않을 수 없다.

첫째, NGCR는 기존 조직단위로 원가절감을 하는 것이 아니다. 기업경영을 본원적인 활동과 지원적인 활동으로 나누고 이 활동단위별로 원가절감 기회를 파악하는 데서 출발한다.

기업활동을 제품개발, 영업, 재무 등 본원적 활동과 거래처 관리, 총무 등 지원적인 활동으로 분류해서 활동 분야별로 기업전체의 원가 및 비용구조에 미치는 영향을 파악하는 것이다. 이를 통해 기업경쟁력에 결정적인 영향을 미치지 않는 활동들을 골라내서 비용절감 기회를 도출하는 것이다.

둘째, 과거 대부분의 원가절감 프로그램은 일부분의 원가를 절감하기 위해 다른 부분까지 희생시키는 상쇄효과(trade-off

NGCR는 원가의 모든 요소를 파악해서 본원 및 지원적인 활동 단위별로 전사적인 비용절감을 모색하는 것이다.

effect)를 가져오는 문제점이 있었다. 이 때문에 일부분의 원가는 줄어들지만 전사적인 차원의 목표와는 어긋나는 경우도 있었다.

이에 비해 NGCR는 원가의 모든 요소를 파악해서 본원 및 지원적인 활동 단위별로 전사적인 비용절감을 모색하는 것이다.

셋째, NGCR를 제대로 하려면 현재 사업 포트폴리오와 경영 비전 및 사업 목표에 대한 이해를 바탕에 깔아야 한다. NGCR 프로그램은 「전략적인 원가절감 계획수립 →구체적인 대안마련 →실행」의 3단계 과정을 거쳐 진행된다. 이 과정을 거쳐 기업이 적극적으로 비용절감을 추구해야 하는 분야를 골라내야 하며, 현재의 경쟁력을 저하시키지 않으면서 비용을 절감할 수 있는 방안들을 모색하는 것이다.

이 프로그램을 성공시키기

▍NGCR 과정

전략적 비용절감 기회 평가
2개월
- 전사적 차원의 통신 비즈니스 이해
- 영업비용구조 현황에 대한 전략적 검토
- 비용절감 모듈
- 비용절감 모듈별 원가절감 그룹화 평가
- 비용절감 우선대상 선정

구체적 해결대안 개발
5개월
- 비용절감 모듈별 가설개발
- 절감기회별 구체적 해결대안 수립
- 실질적 비용절감 효과 평가

실행
3년
- 전 비용절감 기회를 대상으로 하는 실행 모델 개발
- 실행현황 및 진도 확인
- 비용절감 효과 모니터링 및 필요지원체계 구축

> 비즈니스 활동 자체를 바꾸는 NGCR 프로그램은 거센 저항이 예상되므로 강력한 최고경영진의 의지가 없으면 실패한다.

위해서는 다음 네 가지 핵심 성공요소(key success factor)에 주의를 기울여야 한다.

첫째, 최고경영자는 비용절감 기회를 파악하고 대안을 선정, 실행하는 전 과정을 확실히 장악해야 한다. 아웃소싱이나 인력감축과 같은 제한적인 범위에서의 비용절감도 실제 실행되는 과정에서는 현업 부서들의 강한 저항에 부딪치게 되는 것이 일반적이다.

비즈니스 활동 자체를 바꾸는 NGCR 프로그램은 더욱 거센 저항이 예상되므로 강력한 최고경영진의 의지가 없으면 실패한다.

둘째, 원가경쟁력을 높일 수 있는 분야를 선정하는 데 대단히 세심한 주의를 기울여야 한다.

파레토의 20 대 80 규칙에서처럼 비용절감을 위한 전체 활동 중 20%가 80%의 비용절감 효과를 가져오는 것이 일반적이다. 따라서 비용을 결정적으로 줄일 수 있는 소수 프로젝트를 선정해서 과감히 밀어붙여야 한다.

셋째, 조직원의 공감대 형성이 필수적이다. 회사 내부의 커뮤니케이션과 컨센서스를 소홀히 하고 추진할 경우 직원들의 강한 반발에 부딪치게 마련이다. 이를 위해선 원가경쟁력 제고 프로그램을 진두 지휘할 「프로젝트 챔피언」을 현업 부서에서 발탁해 권한과 책임을 부여하고 커뮤니케이션의 창구로 활용하는 것이 효과적이다.

넷째, 이 프로그램을 전담할 조직이 반드시 있어야 한다. 이 조직을 통해 분야별 비용절감 집행현황과 성과에 대한 정기적인 점검과 평가를 해야 한다.

이 A.T.커니 프로그램을 통해 많은 선진기업들이 내부혁신에 성공하는 것을 보아왔기 때문에 국내 기업들에도 불황돌파 전략의 하나로 강력히 추천한다.

정인철(A.T.커니 부사장)

CEO의 원가절감 의지가 관건

텔스트라는 호주의 간판기업으로 유무선 종합정보통신 회사다. 국영기업으로 출발해 1997년의 민영화를 거치면서 2000년 매출액 110억 달러에 이르는 거대 기업으로 성장했다. 텔스트라는 1990년대를 통해 여러 가지 비용절감 프로그램을 성공적으로 수행했으나 미흡하다는 내부분석이 나왔다. 이런 상황을 극복하기 위해 A.T.커니의 NGCR 프로그램을 채택했다.

A.T.커니는 첫단계로 실질적 비용절감 가능성과 비용절감 기회를 평가했다. 이 과정에서 단순 수치상의 비용절감 효과뿐만 아니라, 전략적인 원가경쟁력 제고 방안이 검토됐다. 여기에서 주의해 볼 것은 손익계산서상의 개별적인 비용요소보다는 실제로 비용을 쓰는 각 경영활동 단위별 비용구조를 파악했다는 점이다. 영업·총무 등 기존의 조직별 비용실태 파악이 아닌 콜센터 합리화, 유통 채널 합리화 등 구체적인 활동단위 중심으로 회사 전체의 모든 비용요소를 분석해서 40개의 원가절감 모듈을 만들었다. 이를 놓고 우선순위 작업을 거쳐 16개의 모듈을 뽑았다.

다시 경영활동 연관성 등을 따져 8개씩 두 부분으로 나누어 웨이브 1, 웨이브 2로 분리했다.

A.T.커니는 이들 6개 비용절감 모듈별로 에이전시 모델, 노동력 통합 모델 등의 고유 프레임워크를 적용해서 경영현장에 바로 적용할 수 있는 원가절감 방안을 수립했다. 구체적인 예로「상품 및 플랫폼 합리화 모듈」을 살펴보면 우선 160개에 달하는 텔스트라 전 상품을 대상으로 상품합리화를 위한 선별작업을 실시했다. 이는 상품별 수익성에 기초해서 일정 기준을 세운 다음 새 기준에 부합되지 않는 상품을 가려내는 방식으로 진행됐다.

파레토의「20 대 80」원칙에 입각해서 기존상품의 20%에 달하는 30개의 저수익

A.T.커니 ▶▶▶ 텔스트라 사례

상품을 골라서 요금 인상, 매각, 상품 폐기 등을 추진했다. 이러한 비용절감 과정을 CEO나 CFO가 완전히 파악할 수 있도록 전담조직인 「프로그램 오피스」를 설치한 것도 주효했다.

프로그램 오피스는 단순히 여러 경영조직 간의 커뮤니케이션만을 하는 것이 아니라 각 분야의 비용절감 활동을 모니터링하고 이를 종합해서 전사적인 재무분석까지 수행했다. 이를 통해 텔스트라는 3년 간 약 12억 달러(약 1조 6,000억 원)의 비용을 줄일 수 있는 분야를 골라낼 수 있었다.

이 같은 원가절감은 2000년 기준으로 향후 3년 간 이 회사 전체 영업비용의 17%, 자본투자의 19%에 달하는 막대한 규모였다.

▎원가절감 모델

approaches	특 징
NGCR	• 개별적인 비용요소보다는 전사의 비용구조에 대한 분석과 이해를 바탕 • 사업의 본원적인 활동에 대한 이해를 기초로 절감기회 도출
프로세스 재설계 및 소싱 프로그램	• 프로세스 재설계는 근본적인 원가구조 개선으로 이어지지 못하고 단순한 서비스 개선에 그치는 경우가 존재
아웃소싱 프로그램	• 구조적 변화 없는 아웃소싱은 비용을 외부 공급사에 전가하는 것에 불과 • 근본적인 해결책 없는 인원삭감은 원가경쟁력 제고에 대한 지속적인 효과가 없음
비용의 일률적인 삭감	• 보통 총비용의 1~2%에 해당되는 비용부문을 다루며, 「동결」의 형태를 취함

M&A 후 통합을 위한 효과적 작업단계 및 교훈

신속한 통합으로 불안감을 제어하라

최근 M&A의 증가 추세는 세계적인 시장통합 및 개방화의 물결을 타고 산업 및 지역의 구분 없이 범 세계적으로 나타나고 있다. 얼마 전 사상 최대 규모의 합병을 실시한 엑슨(Exxon)과 모빌(Mobile), 통신 분야에서의 AT&T와 텔레커뮤니케이션(Tele-Communication), 그리고 보스턴 컨설팅 그룹에서 예견한 바 있는 자동차 산업은 이미 급속한 인수·합병을 통해 세계적으로 점차 업체의 수가 줄어 들고 있는 추세다.

최근 들어 가장 활발하게 인수·합병되고 있는 분야 중 하나인 금융권의 예를 살펴보아도 미국의 시티코프(Citicorp)와 트래블러스(Travelers), 독일의 도이체 방크(Deutsche Bank)와 모간 그렌펠(Morgan Grenfell) 등 대규모의 합병이 급증하고 있다. 또한 한국에서도 논란을 일으켰던 LG와 현대 반도체의 경우와 같이「빅딜」이라는 명목 아래 사업교환의 형태를 띤 합병, 그리고 금융권에서는 국민-장기신용은행, 한일-상업은행, 국민-주택은행 등 활발한 M&A 활동이 이루어지고 있다.

M&A 기업의 57%가 실패한다?

이러한 M&A의 기본 목표는 1+1>2, 즉 새로운 가치의 창출이다. 이러한 가치창출은 크게 성장과 수익성의 두 가지 측면으로 볼 수 있다. 성장 측면에서의 M&A는 신규시장 접근, 전략적·상업적 시너지 효과, 그리고 공장 가동률의 증대를 통한 생산성 향상이라는 가치창출을 의미한다. 수익성 측면에서는 재무상태 향상을 통한 주주배당금의 증가를 가져올 수 있다.

그러나 모든 인수·합병이 가치를 창출하는 것은 아니다. 1997년 발표된 〈하버드 비즈니스 리뷰〉의 연구에 따르면 인수·합병 기업의 57%가 합병 전보다 기업의 가치가 하락했다는 결과가 나왔다. 왜냐하면 M&A는 불확실성에 대한 두려움으로 인해 직원의 사기 및 노동생산성 저하를 초래하며, 고객 및 공급업체의 M&A에 대한 불안감은 사업을 위축시키기 때문이다.

구체적인 사례로 미국 금융회사 시어슨 레먼 브러더스(Shearson Lehman Brothers)의 합병을 들 수 있다. 시어슨과 레먼 브러더스 양사는 합병 초기부터 각 분야별 합병 태스크포스 팀을 구성해 신속한 통합 작업을 진행했다. 이를 통해 연 7,500만 달러의 비용절감을 달성했으나, 상이한 기업문화 간의 성공적인 통합에는 실패했다. 결국 합병 후 통합된 두 회사는 투자은행부문의 매출이 증대한 반면, 기업금융 및 합병부문에서 지속적으로 시장점유율 감소를 경험함에 따라, 다시 시어슨(리테일 유통부문)과 레먼 브러더스로 사업이 분리되었다.

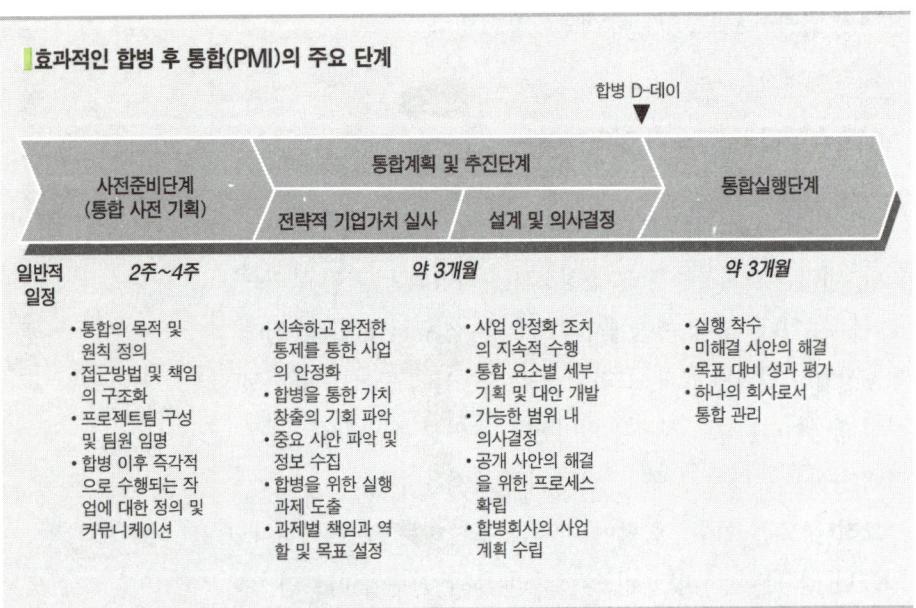

그렇다면 효과적인 인수·합병의 작업단계 및 프로세스는 무엇이며, 이러한 작업단계 전 과정을 성공적으로 이끄는 주요 요인에는 어떤 것이 있는가? 보스턴 컨설팅 그룹은 이러한 인수·합병의 성공요인을 파악하기 위해 최근 수백 개에 이르는 세계적인 인수·합병 사례를 분석하고, 이 같은 사례연구를 통해 한국상황에 적용 가능한 인수·합병의 교훈을 소개한다.

효과적인 PMI는 일반적으로 크게 사전준비, 전략적 가치실사 설계 및 의사결정, 실행의 4단계로 나뉜다. 이러한 4단계의 PMI는 변화 프로세스에서의 명확한 리더십, 최고경영진의 올바른 의사결정 및 프로세스의 명확한 구조화 등 세 요소를 갖추고 있어야 성공적으로 수행될 수 있다. 통상 PMI 작업은 사전기획단계에서부터 실행단계에 이르기까지 6개월 정도의 기간이 걸리

> 신속한
> 인수·합병은
> 불확실성을
> 제거할 수 있고,
> 저하된 직원사기를
> 진작시킬 수 있다.

나, 복잡한 IT 시스템이나 상이한 기업문화가 완전히 융화되기까지는 그 이상의 시간이 소요될 수도 있다.

이러한 작업과정을 성공적으로 이끌기 위해 다음과 같은 사항들을 준수해야 한다.

인수·합병을 위한 접근방법을 선택하고 신속히 실행에 옮겨라

인수·합병을 위한 하나의 정형화된 방법은 없다. 우량자산만을 인수하는 「순수 P&A」의 경우, 인수기업은 피인수기업의 경영에 주목할 필요가 없지만, 피인수기업이 보유하고 있는 시스템 및 데이터베이스의 활용은 고려해볼 수 있으며, 특히 피인수기업의 고객과는 좋은 유대관계를 지속할 필요가 있다.

그러나 일단 피인수기업의 시스템과 데이터베이스를 인수하고 기존 고객과 유대관계를 유지한 후에는 결국 인수기관은 자신이 갖고 있는 기존의 지점망과 조직을 이용하게 된다. 이와는 반대로, 동등한 두 기업 간의 합병에서는 조직, 인원배치, IT 시스템, 직급, 직장문화 등 다양한 측면에서 복잡한 통합과정상의 마찰이 일어나게 된다. 이처럼 동등한 합병에서 합병업체는 각 기업의 장점만을 최대한 살리는 「취사선택의 접근법」을 사용하게 되는데, 그 대표적인 예로 영국의 로이드 은행과 TSB은행 간의 합병, 미국의 체이스 은행과 케미컬 은행 간의 합병을 들 수 있다.

이러한 인수·합병의 접근법은 우수한 인적 자원의 활용과 효과적인 업무 수행을 통한 기업들의 장점을 최대한 유지하는 것이 주 목적이기 때문에, 체계적이고 객관적인 접근법이 요구된다. 흡수·합병의 경우에도 「취사선택의 접근법」은 피인수기업에 긍정적인 동기를 부여하며, 구체적인 통합업무에 대한 피인수 기업측 인력의 참여도를 높일 수 있다. 통합의 속도는 또 다른 중요 선택사안이다. 일반적으로 통합의 속도는 빠를수록 좋다. 신속한 인수·합병은 불확실성을 제거할 수 있고, 퇴출이나 정리해고 등으로 저하된 직원사기를 진작시킬 수 있으며, 새로운 경영진에게 자신감을 부여함으로써 원하는 결과를 빠른 시일 내에 얻을 수 있다. 그러나 짧은 시간 내에 처리되는 인수·합병의 과정은 상대적으로 객관성 및 정확성이 결여될 수 있는 단점이 있다. 그럼에도 불구하고 지금까지 합병 후 통합된 많은 기업들은 그 인수·합병의 속도 면에서 여전히 개선의 여지를 남기고 있다.

통합과정을 별도의 프로젝트로 관리하라

인수·합병 후의 통합과정을 별도의 프로젝트로 관리해야 한다. 인수·합병 후의 통합과정은 일상의 경영활동과는 확연히 다른 성질의 것이다. 대다수의 경영진은 통합에 직면한 인수·합병과제를 경험하지 못한다. 『한 순간에 모든 것이 바뀐다』고 어떤 기관이 지적했듯이 순식간에 일어나는 인수·합병은 그 자체로서 고유의 능력을 필요로 하는 독특한 「도전」이다. 일반적으로 기업들은 별도의 통합 프로젝트 체제를 구축함으로써 이러한 인수·합병상의 과제들을 처리한다. 대규모 통합의 경우 수많은 하부 전담 팀들이 세부적인 사안을 처리하고 전체 인수·

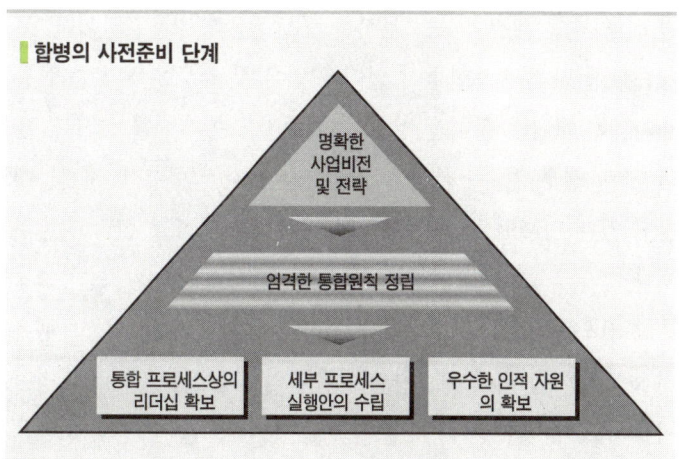

합병의 주도권을 갖고 있는 중앙통제부(control tower)에 보고하는 등 상당히 복잡하고 복합적인 과정을 거친다. 「집행 팀(executive team)」은 「통합위원회(integration committee)」의 주도 하에 1주일에 최소한 한 번씩은 당면 문제 해결을 위한 회의를 갖는다. 전담 팀이 구성되면 통합원칙을 수립해야 한다. 통합원칙은 직원의 불안감을 제거해주고, 행동의 원칙으로 사용되며, 합병에 저해가 되는 악성 루머의 발생을 억제하는 데 도움을 준다. 합병의 원칙은 신속하게 수립되어야 하며, 합병 양 당사자의 참여를 통해 이루어져야 한다.

무엇이 가치 있는 것인지 결정하라

인수·합병의 접근법은 창출될 가치가 어디에 있는가에 따라 결정된다. 서울에 넓은 지점망을 갖고 있는 두 시중은행이 인수·합병하는 경우를 가정해보자. 이런 경우 인수·합병에 있어 가장 중점을 두어야 하는 부분은 구조조정과 비용절감이다. 두 시중은행 간 인수·합병이 일어날 경우 두 시중은행의 중앙 통제기능은 하나로 합쳐질 것이며, 지점망도 통폐합될 것이다. 이와 같은 경우 인수·합병의 핵심사안은 각각의 은행 지점들이 갖고 있는 경제적 잠재성 분석과 비용절감 목표를 설정하는 것이다.

그러나 반대의 경우도 있다. 지방은행을 인수한 시중은행은 지점망 확대를 위해 인수한 지방은행의 지점들을 인수·합병한 이후에도 유지하려 할 수 있다. 이런 경우 인수·합병의 초점은 업무의 효과적인 분산과 새로 인수한 은행의 지점별 수익목표를 설정하는 것이다.

이와 같이 각 인수·합병의 가치창출 요인을 파악하기 위해 꼭 필요하나, 합병 전 M&A 단계에서의 기업가치 평가를 위한 전략적 실사와의 중복성으로 인해 간과되는 것이 합병을 위한 전략적 실사 작업이다. 합병 업체는 전략적 가치실사를 통해 세 가지 목적을 달성해야 한다. 첫번째는 사업통제 및 안정화이며, 두번째는 주요 이슈의 파악, 그리고 세번째로 합병 후 통합과정의 가치창출 요소 파악 및 계량화 작업이다.

사업통제 및 안정화 단계에서 특히 중요한 것은 외부 및 내부 커뮤니케이션 관리다. 내부 커뮤니케이션을 통해 합병과 관련한 악성 루머로 인한 불안감을 불식시키고, 프로세스를 안정시키는 동시에 프로세스상의 비전을 제공해야 한다. 다음으로 필요한 것은 고위 및 중간관리자층과의 개별적인 인터뷰 실시로서, 이는 피인수 기업의 직원 인적 사항을 파악하고 불안감을 해소하는 역할을 하는 동시에 새로운 관리자의 임명을 더욱 신속히 이

통합의 가치 창출 요소의 파악은 PMI를 성공적으로 수행하기 위해 가장 중요한 부분이다.

루어지도록 도와준다.

　주요 고객 및 이해관계자와의 커뮤니케이션도 중요하다. 이들은 종종 합병기업에 대해 더 많은 지식을 보유하고 있는 경우가 있기 때문에, 이러한 지식의 선별적이고 가치 있는 활용이 중요하며, 이를 통해 전략 및 비전의 수정이 이루어지기도 한다. 주요 이슈 파악의 목적은 초기의 통합 의사결정이 가능하도록 합병된 회사에 대한 데이터를 창출하는 것이다. 이는 신속히 수행될 필요가 있다. 주요 이슈의 파악은 M&A의 대상 및 방법에 대한 결정을 내리는 데 필요한 기반 지식을 창출한다.

　통합의 가치창출 요소 파악은 PMI를 성공적으로 수행하기 위해 가장 중요한 부분이다. 대부분의 PMI 실패 사례는 합병 후 가치창출의 요소를 개념적으로 이해하고 있거나 가치창출 요소의 책임소재를 명확히 하지 않고 가치창출 목표를 부여하지 않기 때문에 나타난다. 합병을 통한 가치창출의 요소는 최대한 세부적으로 파악되어야 하며, 이것이 합병 후 최소 2~3년 간 면밀히 계획되고 관리되어야 한다. 이를 위해서는 M&A 단계의 기업가치 실사보다는 심층적인 가치창출 요소 파악이 선행되어야 한다.

구체적인 목표와 이정표를 설정하라

　인수·합병 후 통합 과정은 매우 복잡하거니와 이에 따른 과제의 해결을 요구하기 때문에 구체적인 목표와 이정표의 설정은 필수다. 기능적으로 보면 고위 경영층은 인수·합병이 제대로 실행되고 순조롭게 지속될 수 있도록 구체적인 프로젝트 계획을

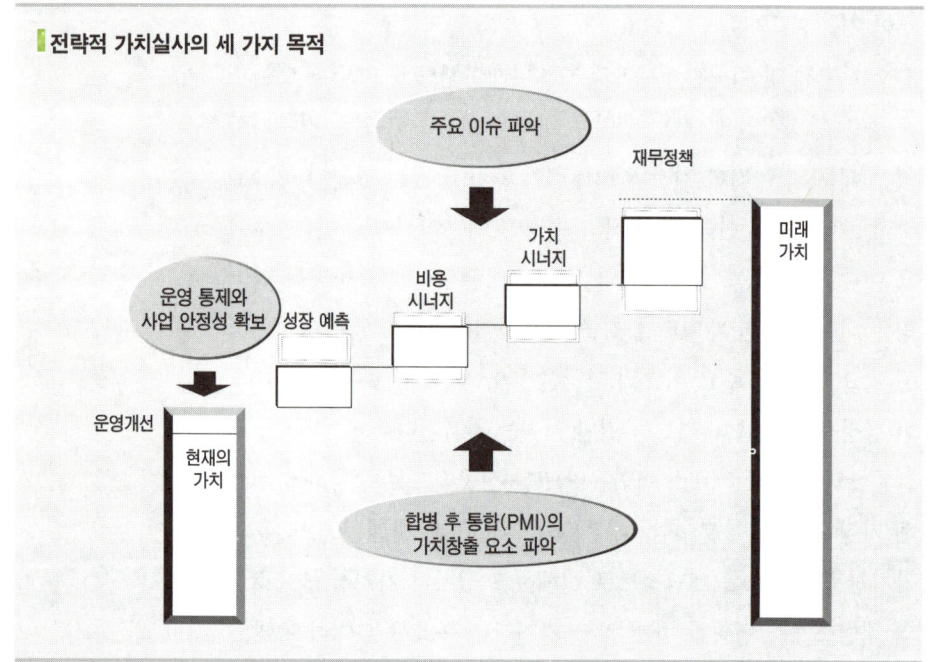

전략적 가치실사의 세 가지 목적

M&A는 많은 기회를 제공한다. 그러나 어떤 경우라도 인수·합병 실패의 위험은 존재한다.

세워야 한다. 예를 들어 고위 경영층은 시스템 통합이 어떻게 진행되고 있고, 최적 및 최소·최대 수용 가능 인력은 어느 정도이며, 지점 및 각 사업단위 내 교육은 어떻게 이루어지는지를 파악해야 한다. 경영 측면에서 봤을 때, 성공적인 인수기업은 비용절감과 수익 증대를 위해 구체적이고 분명한 목표를 세운다. 일반적으로 같은 시장에서 활동하는 비슷한 규모의 두 기업이 인수·합병을 통해 15%의 비용을 절감한다는 것은 현실적으로 실천 가능한 목표로 인식되고 있다. 뿐만 아니라 효율성과 구조조정의 이득이 부가된다. 성공적인 인수기관은 인수하는 첫날부터 목표를 세운 후 전담 프로젝트 팀에게 목표 달성을 위해 구체적인 계획을 개발하도록 전권을 위임한다. 뚜렷한 목표 없이 하부

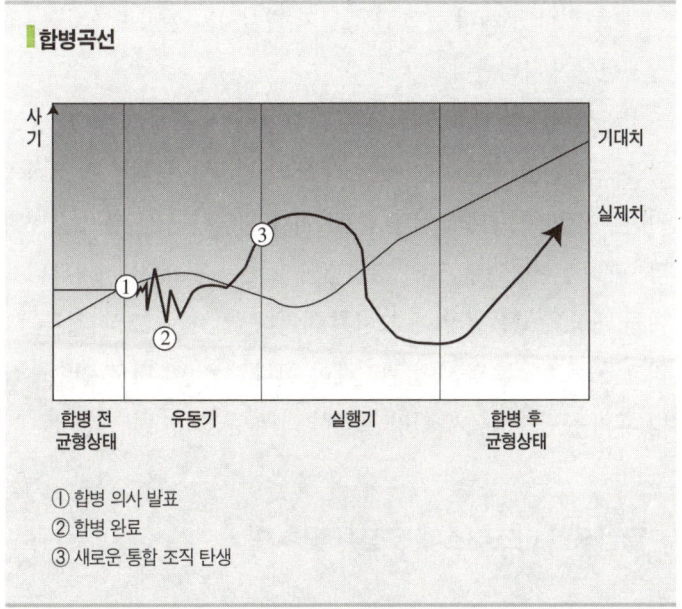

구조에서부터 착안되어 절감되는 비용은 분명한 목표를 세워 획득되는 이득에 비해 적을 수밖에 없다.

「합병곡선」을 관리하라

합병 후 통합과정을 경험하는 조직원들의 사기는 일관된 「합병곡선(merger curve)」의 형태를 띠게 되는 것을 발견할 수 있다.

조직의 사기는 고객 서비스, 경영의 안정화, 그리고 변화에 대한 적응에 직접적인 영향을 미친다. 「합병곡선」은 초반 극도의 불안정기, 이후 낙관적인 분위기로의 전환기, 그리고 통합의 기본적인 틀이 잡히면서 생성되는 변화에 대한 지원기로 구성되어

> 우량 사업체에게 인수·합병은 자연적인 성장보다 훨씬 빠른 속도로 성장할 수 있는 기회가 된다.

있다. 그러나 구체적 통합 조정안이 확실시되면서 또 한 차례의 침체현상이 나타난다.

일관성 있는 커뮤니케이션은 불확실성, 모호성, 그리고 공포감을 느끼는 이러한 시기에 조직 내의 긴장을 관리하고 조직의 기반을 강화하는 데 도움을 준다. 이를 위해서는 잘 짜여진 계획과 이를 실천하려는 고위 경영층의 노력이 필요하다. 커뮤니케이션 대상은 고용 직원에 그치지 않는다. 투자자, 고객, 정부, 그리고 노동조합을 동시에 관리해야 한다. 이것이 바로 인수·합병 후의 통합과정에서 가장 복잡한 과제 중 하나다.

일상적인 비즈니스에 초점을 맞추자

일반적으로 인수·합병이 진행되는 동안 기업의 영업 및 고객 서비스 수준이 떨어진다. 이는 인수한 기업을 운영하는 새로운 관리자들이 새로운 사업환경에서의 업무절차에 익숙지 않기 때문이다. 또 하나의 이유로, 경영의 관심이 사업결과보다는 인수·합병의 관리로 바뀌기 때문이다. 경쟁업체 입장에서 이러한 서비스의 품질 저하는 고객과 사업을 탈취할 수 있는 좋은 기회다. 인수·합병 기간 중 15~20%의 고객 감소는 일상적으로 일어난다. 이러한 이유로 인수업체는 고객 감소 및 사업 방어를 위한 전략을 수립한다. 「통합위원회」는 인수·합병의 과정뿐만 아니라 일선 사업 성과 관리에도 충분한 시간을 할애해야 한다.

M&A는 많은 기회를 제공한다. 우량 사업체에게 인수·합병은 자연적인 성장보다 훨씬 빠른 속도로 성장할 수 있는 기회가 된다. 또 부실한 사업체에게 인수·합병은 허약한 능력을 보완

하고 조직과 기능을 구조조정할 수 있는 기회다. 그러나 어떤 경우라도 인수·합병 실패의 위험 또한 존재한다. 나태(inaction)로 인해 인수·합병에서 아무 이득을 얻지 못해 분리되는 경우가 있을 수 있고, 한 조직 내에서 서로 반목하는 기업을 탄생시킬 수도 있다. 또한 부적절한 계획과 인수·합병 관리의 미숙으로 혼란과 분쟁이 야기될 수도 있다. 앞에서 열거한 인수·합병의 문제점을 피하고 이러한 변화의 시기에 이득을 수확하기 위한 인수·합병 관리의 여섯 가지 원칙을 권한다.

서영택(보스턴 컨설팅 그룹 매니저)

가치기반의 포트폴리오 구조조정

가치가 떨어지는 사업은 과감히 정리하라

    기업이 가치창조와 성장을 동시에 달성하는 것은 어려운 것일까? A.T.커니가 34개국, 24개 산업, 그리고 세계 1,100여 개의 회사를 대상으로 지난 10년 간의 매출 성장률과 주주가치 증가 여부를 조사한 결과, 기업이 이익 달성에 사로잡혀 다운사이징과 비용절감 등의 수단에 집착하면 단기적으로는 이익이 발생하나 지속적인 성장을 위한 엔진을 잃는 경향이 나타났다.

    그와 반대로 주주가치 증대를 이루어가면서도 동시에 지속적 성장을 달성하고 있는 기업들이 존재했다. 그렇다면 이러한 가치구축 성장(value-building growth)을 하고 있는 기업들의 성공요인은 무엇일까.

「가치제고」와 「성장」이라는 두 마리 토끼를 잡아라

    기업을 매출 성장률과 주주가치 증가율을 기준으로 네 가지

유형의 회사로 구분할 수 있다(그림 1). 이익 추구형(profit seekers) 기업은 주주가치 증가율이 매출 증가율보다 월등히 높은 기업 형태이며, 단순 성장형(simple growers) 기업은 평균적으로 주주의 가치가 매년 1%씩 파괴되지만 높은 성장률을 달성하고 있는 기업군이다.

재미있는 사실은 가치구축 성장형 기업이 가치제고와 성장이라는 두 마리 토끼를 잡으면서도 주주가치 증가율이 단순 성장형 기업보다 높고 이익추구형 기업보다 높았다는 점이다. 즉 가치제고와 성장이 서로 상반되는 목표가 아니라 동시에 달성할 때 성과가 더욱 높아질 수 있다는 점을 시사해준다.

그렇다면 모두가 예상할 수 있듯이 단순 성장형으로 분류된 국내 주요 대기업들은 어떻게 가치구축 성장 기업으로 탈바꿈할 수 있을까.

자신의 핵심역량을 파악하여 집중강화하라

A.T.커니의 분석에 따르면, 가치구축 성장 기업의 핵심 성공요인은 바로 기업이 자신의 핵심역량(core competency)을 파악하여 집중 강화하고 핵심역량에 기반한 사업확장(stretching)을 추구하는 것이다. 가치구축 성장형 기업은 넓은 범위의 다각화를 지양하고 자신의 핵심 사업영역에 집중 및 확장함으로써 매출신장과 가치성장을 모두 이끌어낸다.

이러한 맥락에서 경기가 좋지 않을 경우에도 단기적 이익을 위해 R&D 비용을 무리하게 줄이지 않으며, 오히려 경우에 따라서는 대폭 늘리는 예도 있다. 이는 혁신과 제품의 개선이 미래의

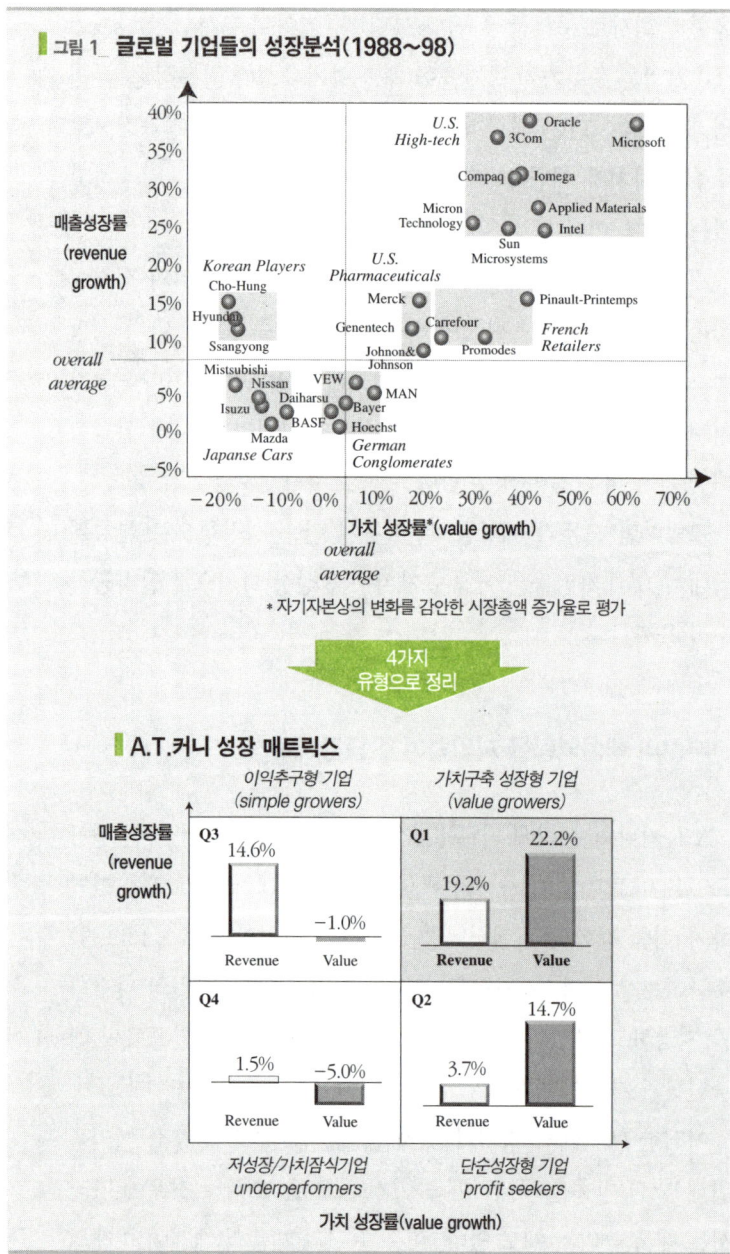

성장에 직결된다는 것을 잘 알고 있기 때문이다.

결국, 국내의 대기업들이 가치구축 성장 기업으로 변신하기 위해서는 현재 백화점식으로 가지고 있는 사업영역들을 대상으로 사업 포트폴리오 구조조정을 통한 핵심역량 강화의 길로 나서야 하며, 이러한 포트폴리오 재구축 방안으로 A.T.커니는 가치 기반의 포트폴리오 구조조정(value based portfolio restructuring)을 제안한다.

현재의 사업 포트폴리오를 평가하라

A.T.커니는 다수의 기업 포트폴리오 재구축 프로젝트 수행 경험을 통해 사업 구조조정은 치밀한 전략적 분석과 구조조정 이후(post-restructuring) 전략을 사전에 수립함으로써 성공적인 결과로 연결된다는 확신을 얻게 되었다. 이를 위해서는 먼저 현재의 사업 포트폴리오가 얼마나 잘 구성되어 있는지를 평가하는 것으로부터 출발해야 하는데, 이는 가치 기반(value based) 사업 포트폴리오 평가와 전략적 사업 포트폴리오 평가의 두 가지 단계로 구성된다.

가치 기반 사업 포트폴리오 평가

현재 기업이 운영하고 있는 각각의 사업부문(business unit)에 대해 향후 창출될 현금흐름을 현재가치로 할인해서 계산된 사업부문의 가치(net present value of business unit)와 각 사업부문에 투하된 자본을 구해 투하자본 대비 사업부문의 현재가치를 비교해본다. 이렇게 하면 투하자본에 비해 창출되는 가치가 큰

> 기업가치를
> 파괴하거나
> 희석하는
> 사업부문을
> 어떻게 처리 또는
> 개편할 것인가?

사업들과 투하자본 대비 사업부문의 현재가치가 작거나, 오히려 사업부문의 가치가 잠식되는 사업들을 파악해볼 수 있다.

A.T.커니가 최근 수행한 프로젝트의 예를 들어 설명해보자. 먼저 국내 프로젝트의 경우 고객 회사는 기계장비를 만드는 제조업체인데, 사업부문 간 연관성은 높지 않으나, 전체적으로 19개의 사업부문을 거느릴 정도로 광범위한 영역에서 사업을 전개하고 있었다. A.T.커니는 19개 전 사업부문을 대상으로 사업 포트폴리오를 가치 기반 하에 평가한 결과, 전체적으로 볼 때 투하자본 대비 전체 기업의 현재가치가 다소 높음을 확인했다. 그러나 사업 포트폴리오 내에 가치를 파괴하는 사업부문들이 존재하고 있었고, 또한 투하자본 기준으로 절반이 넘는 54.5%의 사업부문이 가치희석(value diluting) 사업군으로 분석되었고, 단지 37.1%의 투하자본만이 가치가 창출되는 사업부문에 투입되고

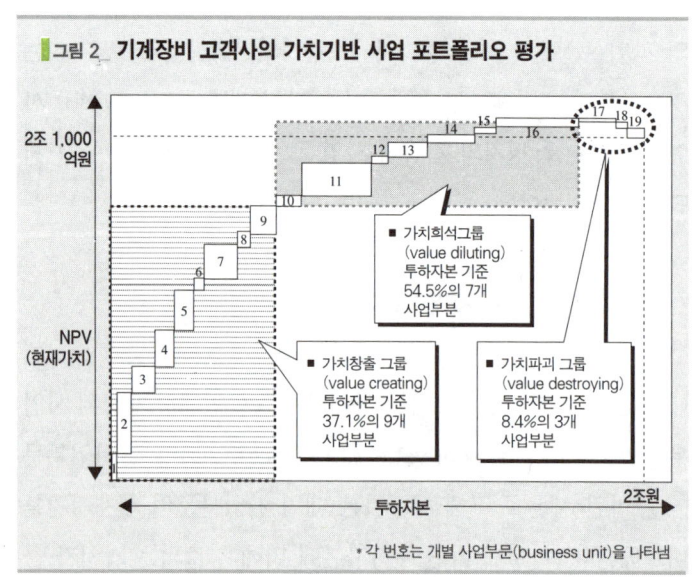

그림 2 기계장비 고객사의 가치기반 사업 포트폴리오 평가

있는 것으로 분석됐다(그림 2). 따라서 이 고객사의 경우 주로 가치희석 사업군의 개선을 통해 전체 기업가치 증대 기회가 존재함을 알 수 있다.

이제 이러한 평가를 바탕으로 고객사가 다루어야 할 문제는 기업가치를 파괴하는 사업부문과 기업가치를 희석하는 사업부문을 어떻게 처리 또는 개편할 것인가, 그리고 기업가치를 창출하는 사업을 어떻게 강화할 것인가다. 이 때 필요한 것이 전략적 사업 포트폴리오 평가다. 물론 가치 기반 포트폴리오 평가 결과에 의해 비효율적이고 가치 파괴적인 사업부문의 매각을 결정할 수도 있겠으나, 지속적으로 가치 구축 성장 기업이 되기 위해서는 시장의 동태적 상황과 기업의 향후 경쟁우위 요소 강화라는 미래의 가능성에 대한 전략적 판단이 요구된다. 따라서 가치기반 사업 포트폴리오 평가는 항상 전략적 사업 포트폴리오의 평가로 이어져야 한다.

전략적 사업 포트폴리오 평가

A.T.커니는 전략사업 포트폴리오 평가 매트릭스를 개발하여 사용하고 있는데, 이는 개별 사업부문이 속해 있는 시장의 매력도와 해당 사업부문의 경쟁우위라는 두 가지 요소를 축으로 매트릭스를 작성하고, 그 매트릭스 내에서 해당 사업부문의 전략적 포지션을 결정(mapping)함으로써 평가할 수 있다. 그렇다면 시장의 매력도와 사업부문의 경쟁우위는 어떻게 평가할까.

시장의 매력도를 진단하라

시장의 매력도는 시장일반 분석과 산업구조 분석으로 나누어

진단할 수 있다. 시장일반 분석은 전형적인 시장평가 항목 위주로 구성되는 분석으로, 시장 규모의 측정과 시장 성장률 예측, 전반적인 수익성 지표인 산업 내 업체들의 평균 수익성 분석, 그리고 해당 기업의 마진에 영향을 줄 수 있는 공급자와 구매자의 수익성을 계산함으로써 가능하다.

산업구조 분석을 파악하기 위한 분석 틀로는 하버드 경영대학원의 마이클 포터 교수가 개발한 다섯 가지 경쟁요인(five forces) 모델을 이용한다. 다섯 가지 경쟁요인인 기존 기업 간의 경쟁강도, 공급자의 교섭력, 구매자의 교섭력, 신규진입자의 위협 정도, 그리고 대체상품의 위협 정도를 종합적으로 고려해 산업의 구조적 분석을 수행한다.

다섯 가지 경쟁요인은 모두 시장의 매력도에 영향을 미치지만 이 중 가장 중요한 몇 가지 요인이 지배적인 영향을 미친다. 산업에 따라 매력도에 결정적 영향을 미치는 주요 요인은 제각기 다르지만, A.T.커니의 경험에 따르면 많은 경우 기존 기업 간의 경쟁강도와 구매자의 교섭력이 산업매력도에 보다 주요한 요인이었다.

즉 산업 내 경쟁이 치열하지 않고 소비자의 교섭력이 약한 산업은 일반적으로 매력적인 시장인 경우가 많았다. 요약하면, 시장일반 분석과 산업구조 분석을 통해 개별 사업단위가 속해 있는 시장의 현재 상황을 평가하고 향후 전개 방향을 예측함으로써 전체적인 시장의 매력도를 평가할 수 있다.

사업부문의 경쟁우위를 평가하라

각 사업부문의 경쟁우위 평가는 크게 세 가지 분석을 통해 서

> 가치구축 성장 기업이 되기 위해서는 시장의 동태적 상황과 기업의 향후 경쟁우위 요소 강화라는 미래의 가능성에 대한 전략적 판단이 요구된다.

로 다른 각도에서 포괄적으로 평가할 수 있다.

첫째, 가치사슬(value chain)을 분석한다. 각 사업단위의 경쟁우위를 분석 및 평가하기 위해서는 개별 사업단위가 수행하는 모든 활동을 점검해보고 이러한 제반활동이 어떻게 상호작용하는가를 체계적으로 알아보아야 한다.

먼저 각 개별 사업부문의 활동을 다섯 가지 본원적 활동(물류투입활동, 운영활동, 물류산출활동, 마케팅과 판매, 서비스)과 네 가지 지원활동(기업의 하부구조, 인적 자원관리, 기술개발, 조달)으로 분류하고, 각 해당 활동별 사업부문의 강점과 약점을 파악한다. 이를 통해 각 개별 사업단위의 경쟁우위가 어떤 활동에 의해 성취되고 있는지를 분석하고, 향후의 산업구조 변화시 개선 여지가 존재하는지, 개선방안은 무엇인지를 파악한다.

둘째, 비용 동인(cost drivers)과 마진 동인(margin drivers)을 분석함으로써 원가 경쟁력을 평가할 수 있다. 비용 동인은 주요 비용을 발생시키는 핵심 요인을 찾아 핵심 비용 요인별 기업역량을 주요 경쟁사와 대비해 상대직으로 평가함으로써 상대적 원가 경쟁력을 평가할 수 있다.

셋째, 고객 중심적 분석틀로서 상대적 소비자 가치 분석이다. 이는 개별 사업단위가 소비자의 니즈를 충족시키는 데 있어서 얼마나 경쟁적 우위를 보유하고 있는지 상대적으로 평가하는 방법이다. 각 사업단위별 소비자가 가치를 부여하는 주요 요인(또는 주요 니즈)을 추출하고, 현재 주요한 요인별로 각 사업단위가 해당 경쟁기업에 비해 얼마나 그 요인을 지속적으로 충족시키고 있는지를 평가한다. 또한 현재의 충족수준보다 향후 개선할 수 있는 방안을 사업부문별로 고려한다.

> 먼저 각 사업부문의 강점과 약점을 파악하고 이를 통해 경쟁우위가 어느 정도 성취되는지 분석한다.

사업 부문별 상호작용을 고려해 시너지 효과를 최대화시킬 수 있는 사업 포트폴리오를 구성하라.

전략사업 포트폴리오 평가 매트릭스를 작성하라

위와 같은 개별 사업부문의 시장일반 분석과 산업구조 분석을 통한 시장 매력도의 평가와 가치사슬 분석, 비용·마진 동인 분석, 그리고 소비자 가치 분석을 통한 사업부문의 경쟁우위 평가를 바탕으로 전략사업 포트폴리오 평가 매트릭스를 작성할 수 있다. 이러한 평가 매트릭스를 작성하는 목적은 크게 세 가지다. 첫째, 사업부문별 전략적 포지션을 확인할 수 있으며, 둘째 평가 매트릭스를 통해 사업부문별 가치기반 평가결과(가치 창출·희석·파괴)에 대한 원인을 분석할 수 있다. 셋째, 현재뿐만 아니라 향후의 시장 매력도 예측과 경쟁우위 확보 여부에 대한 분석을 통해 미래의 사업부문별 전략적 포지션 예측 및 개선 가능성 평가를 할 수 있다.

사업 포트폴리오를 재구축하라

사업 포트폴리오의 두 가지 평가방법으로 사용된 가치기반 사업 포트폴리오 평가와 전략적 사업 포트폴리오 평가는 사업 포트폴리오의 재구축을 위해 다시 종합된다(그림 3). 이를 VBPR 매트릭스(value based portfolio restructuring matrix)라 부른다. VBPR 매트릭스는 가치 기반 평가와 전략적 평가를 두 축으로 작성된다.

이러한 과정을 통해 작성된 VBPR 매트릭스를 기반으로 사업 포트폴리오 구축을 위한 전략적 방향을 제시하는데, 그 전에 반드시 수행되어야 할 또 하나의 작업이 있다. 즉 핵심역량의 이전 효과를 분석하기 위해 사업부문 간의 시너지 효과를 평가하는

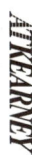

그림 3_ VBPR 매트릭스

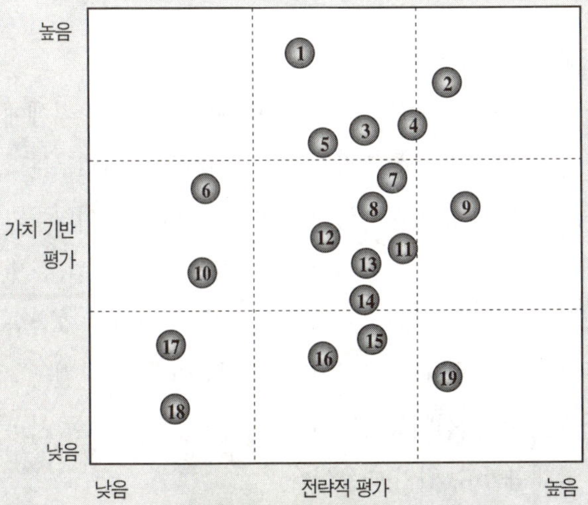
높음
가치 기반 평가
낮음
낮음
전략적 평가
높음
1
2
3
4
5
6
7
8
9
10
11
12
13
14
15
16
17
18
19

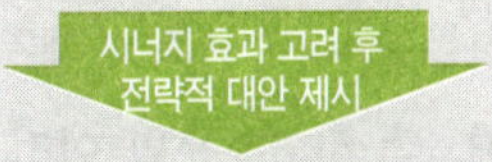
시너지 효과 고려 후
전략적 대안 제시

포트폴리오 평가 그룹별 대안 제시

그룹 I - 핵심사업군

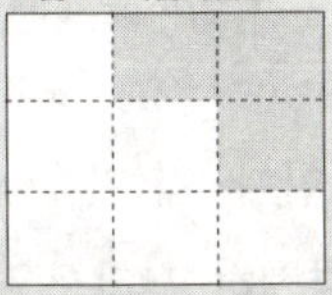

- ■ 핵심 사업부문의 재투자 · 강화
  - 생산능력 확충
  - 신기술의 지속적 도입
  - 원가절감
  - 관련사업 인수

그룹 II - 개선사업군

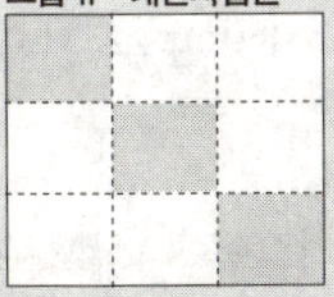

- ■ 광범위한 턴어라운드 실시
  - 사업부문별 경쟁력 강화
  - 사업부문 간 합병 등 고려
  - 중점 사업부문으로의 자산 이동 등

그룹III - 축소사업군

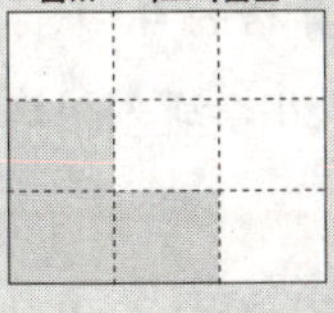

- ■ 사업구조의 개편
- ■ 자산의 매각 실시
- ■ 사업철수 등 고려

것이다.

사업부문 간 시너지를 극대화하라

사업 포트폴리오를 재구축하려면 개별 사업부문 자체에 대해서만 분석하고 대안을 내리는 것은 부족하며, 사업부문별 상호작용을 고려해 기업 전체의 이익이 각 사업단위 이익들의 단순한 합을 넘어설 수 있도록 시너지 효과를 최대화시킬 수 있는 사업 포트폴리오를 구성하는 것이 최선이다. 시너지 효과를 평가하는 과정에서 중요한 것이 기업의 핵심역량인데, 결국 기업은 가장 잘 하는 핵심역량 위주로 사업영역을 구축해야 시너지 효과를 극대화할 수 있기 때문이다.

A.T.커니가 이용하는 시너지 구축 과정은 다음 세 가지 단계로 구성되어 있다. 첫째, 각 사업부문별 이전과 공유(transfer and share)의 가치가 있는 기술(skills)의 분석이다. 이 때 각 사업부문의 경쟁우위 평가시 사용되었던 가치사슬 분석을 다시 이용한다.

둘째, 축적된 기술의 이전과 공유의 가능성 및 이전과 공유를 통한 순효익(net benefit)을 평가한다. 각 기술이 다른 사업부문으로 이전과 공유가 가능한지 분석하고 경쟁우위 개선에 대한 영향력을 평가하여 개별 기술을 이전 또는 공유할 것인지 여부를 결정한다.

셋째, 이전과 공유가 결정된 기술을 대상으로 실행계획을 수립한다. 이 실행계획에는 이전 및 공유의 비용, 현실타당성, 이전 및 공유의 원천, 이전 및 공유의 수혜 사업부문, 예상되는 문제의 해결책 등을 명시한다.

기업 포트폴리오에서의 시너지 창출은 외견상 관련성이 적

> 가장 잘 하는 핵심역량 위주로 사업영역을 구축해야 시너지 효과를 극대화할 수 있다.

어 보이는 사업부문 간에도 가능하다. 보다 중요한 것은 한 사업부문의 경쟁우위 원천이 되는 핵심역량 및 활동이 존재하느냐는 점이다. 사업부문별로 강점이 없는 활동들을 공유한다고 해서 장기적인 경쟁력 강화를 위한 시너지가 구축되는 것은 아니라는 점이다.

사업 포트폴리오 재구축의 전략적 대안 도출

가치구축 성장 기업이 되기 위한 사업 포트폴리오 재구축의 전략적 대안 도출은 크게 VBPR 매트릭스를 기반으로 한 개별 사업부문의 현재가치 기반 평가와 전략적 평가를 토대로 이루어지며, 동시에 시너지 효과 분석을 통해 나타난 핵심역량 및 기술 수용 가능성을 반영해 최종적으로 개별 사업부문별로 전략적 대안을 제시하게 된다.

핵심역량 사업으로 경쟁력 강화를

서두에서 언급했듯이 A.T.커니가 세계 1,100여 기업을 대상으로 실시한 매출 성장률과 주주가치 증가율 조사결과 분석에 따르면, 많은 기업들이 가치구축 성장을 못 하고 단기 이익 추구형 또는 단순 성장형 모델을 답습하는 이유는, 기업들이 사업 포트폴리오 전략상의 오류를 범하기 때문인 것으로 확인되었다.

좀더 구체적으로 말하면, 많은 기업들이 현재의 상황에서 우수한 가치창출 능력과 경쟁력을 지닌 사업부문의 수익을 바탕으로 경쟁우위가 거의 없는 새 사업에 많은 자금을 투자하여,

전체의 기업가치를 잠식하는 사업부문을 새로 만든다는 사실이다.

이는 한국의 기업상황에서도 마찬가지로, 흔히 가장 경쟁력 있는 사업으로부터 자금을 조달해 전혀 경쟁우위도 없고, 산업의 매력도도 의심스러운 사업에 투자하는 경우가 생각보다 많음을 볼 수 있다. A.T.커니의 기업 포트폴리오에 대한 VBPR 접근방법은 이와 같은 오류를 바로잡아 고객사에 기업가치 제고 및 지속성장 기반을 제공해주기 위해 개발되었다.

개별 사업의 평가에서부터 기업의 포트폴리오에 대한 시너지 창출까지 VBPR의 기본적 사고는, 핵심역량을 지닌 사업을 근거로 그 사업의 경쟁우위를 강화하고 이 핵심역량의 전이를 통해 타 사업부문의 경쟁력을 더욱 강화하며, 가치 잠식적이고 전략적 열위 사업은 퇴출시킴으로써 궁극적으로는 전체 기업가치를 극대화하고 동시에 지속 성장을 달성하는 데 있다.

서종수(A.T.커니 이사)

A.T.커니 ▶▶▶ 기계장비회사 사례

핵심역량 위주의 사업구조조정

A.T.커니가 수행했던 기계장비 고객사의 경우, VBPR 매트릭스와 상위 수준의 전략적 대안 관련 고려사항은 앞의 그림 3과 같이 정리할 수 있다. 그림 3에서 보는 것처럼, Group III에 해당되는 축소 사업부문은 6개로 평가되었다. 이 그룹에 대해서는 즉각적인 개선으로 수익성 향상에 주력해야 하며 수익성 미개선시 정리대상이라는 원칙을 제시했다. 실제로 고객사는 프로젝트 제안 내용의 실행과 관련해 이 6개의 사업부문 모두를 정리하거나 다른 부문으로 축소 흡수통합시킨 것으로 확인되었다.

A.T.커니는 Group I인 핵심사업 부문에 대해서는 고객사의 핵심 사업영역으로 집중 육성하고 시장을 보호하며, 지속적인 기술개발로 신규시장 개척에 주력해야 한다고 권고했다. Group II개선 사업군에 대해서는 투자 확보 및 구조조정으로 경쟁력을 강화함으로써 Group I으로 육성한다는 목표를 세우고 개별적 구조조정 방안을 제안했다. 특히 핵심사업군의 핵심역량 및 기술을 수용해 사업의 경쟁력을 지속적으로 개선시킬 수 있는 구조조정이 되도록 노력했다.

이와 같은 사업 포트폴리오 구조조정 방안의 실행을 통해 고객사는 1년 사이에 매출액 성장 15%, 영업이익 증가 19%라는 좋은 성과를 이루었다. 이러한 경영성과는 실제 시장의 평가로 이어져 고객사의 주가상승에 큰 영향을 준 것으로 분석되어 가치구축 성장 기업을 향한 효과적 일보를 내딛고 있음을 확인했다(그림 4).

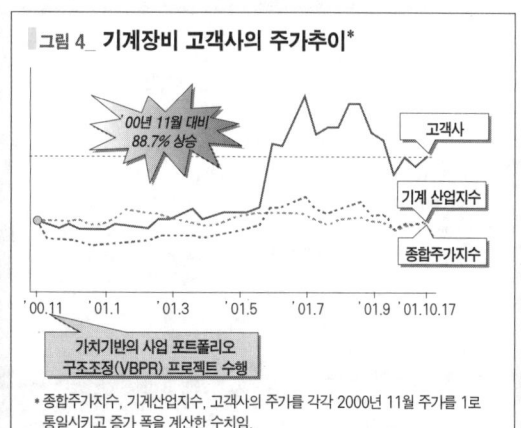

그림 4_ 기계장비 고객사의 주가추이*

* 종합주가지수, 기계산업지수, 고객사의 주가를 각각 2000년 11월 주가를 1로 통일시키고 증가 폭을 계산한 수치임.

제1장 전략이 살아야 회사가 산다 _ 99

Human Resources

제 2장
창조적 파괴만이 조직을 살린다

accenture

ANDERSEN

AT KEARNEY

BAIN & COMPANY

THE BOSTON CONSULTING GROUP

Deloitte Consulting

PWC CONSULTING

A business of PricewaterhouseCoopers

Towers Perrin

WILLIAM M. MERCER

CEO 육성 · 평가 · 보상 시스템

미래 리더 육성 프로그램 만들어라

얼마 전 주택은행과 국민은행의 합병은행장으로 김정태 주택은행장을 지지한 국민은행 대주주 골드만 삭스측은 『주택은행의 김정태 행장이 주가 상승에 더 적합하다고 판단했다』고 지지 이유를 밝혔다. 이는 기관투자가들이 어떤 기업에 대한 투자의사를 결정할 때 CEO를 제일 눈여겨본다는 것을 극명하게 보여주는 사례였다.

실제로 어떤 경영자가 경영을 하느냐에 따라 기업의 운명이 바뀌기도 한다.

얼마 전 사임한 한국전기초자의 서두칠 전 대표이사는 1997년 매출액 2,300억 원, 적자액 600억 원이던 이 회사의 CEO로 취임한 지 3년 만인 지난 2000년 말 매출액 7,000억 원, 순이익 1,700억 원의 초우량 기업으로 변신시켰다. 서두칠 전 대표이사의 경영능력이 이 회사를 흑자로 돌려놓는 데 결정적으로 기여했다는 것에 이의를 다는 사람은 드물 것이다.

「경영의 마술사」로 불리는 GE의 CEO인 잭 웰치 회장은 1981년 취임 당시 매출액 270억 달러, 순이익 16억 달러이던 회사를 2000년 현재 매출액 1,300억 달러, 순이익 120억 달러의 회사로 탈바꿈시켰다. GE의 성공과정에는 웰치 특유의 경영방식, 즉 워크아웃, 기업인수 매각, 지속적인 경영합리화,「식스 시그마」품질경영 등이 큰 역할을 했다.

진정 우수한 경영자는 이런 재무적인 성과뿐만 아니라, 우수한 후계자를 길러내서 자신이 떠난 이후에도 회사의 지속적인 발전이 가능하도록 터전을 마련한다.

2000년 타워스 페린에서 15개 국가 1,200여 기업을 대상으로 실시한 연구결과를 보자. 미국의 업종별 리더 기업 직원들이 다른 회사로 가지 않는 주요 이유 중 하나로「최고경영자의 리더십」을 꼽았다. 캐나다의 일류기업에 입사한 직원들도 역시「최고 경영자 리더십」을 매력 포인트로 들었다.

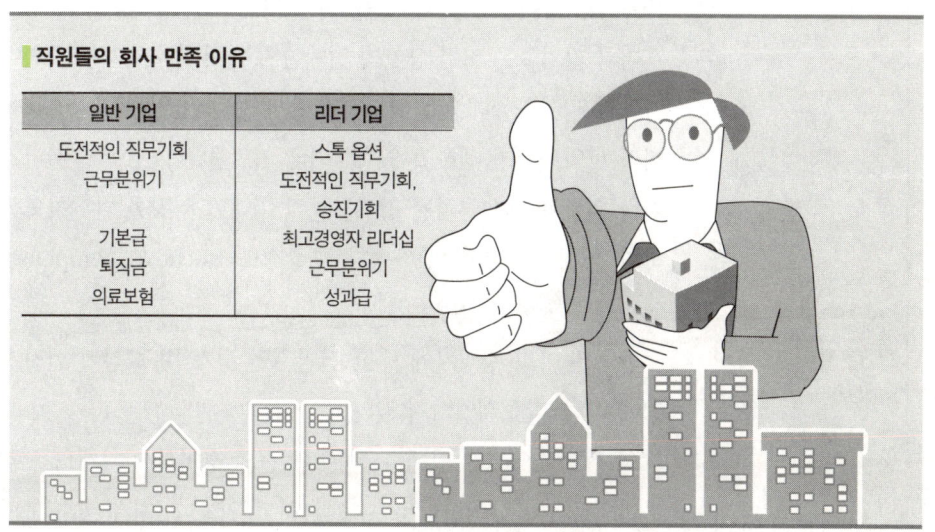

직원들의 회사 만족 이유

일반 기업	리더 기업
도전적인 직무기회	스톡 옵션
근무분위기	도전적인 직무기회, 승진기회
기본급	최고경영자 리더십
퇴직금	근무분위기
의료보험	성과급

제2장 창조적 파괴만이 조직을 살린다

우리는 흔히 선진국 기업 직원들은 주로 급여나 근무환경 등을 따져서 직장을 선택할 것으로 알고 있다. 하지만 타워스 페린의 연구결과는 「최고경영자가 어떤 사람인가」도 직장선택의 핵심요소 중 하나라는 사실을 보여준다.

이렇게 경영자는 중요하지만 막상 유능한 경영자는 귀하다. 전문경영인의 천국이라는 미국에서도 기업들은 유능한 경영자 확보와 육성에 어려움을 겪고 있다. 한국은 아예 전문경영인층 자체가 형성돼 있지 않은 실정이다.

시스템을 갖추고 강력한 추진력을 병행해야

미국은 웰치를 필두로 큰 업적을 쌓은 경영자들이 은퇴를 눈 앞에 두고 있다. 일반적으로 경영자 인재풀(executive talent pool)이라 할 수 있는 35~45세의 경영자들이 2000~15년까지 15%가량 줄어들 것으로 예측되고 있다.

미국 기업들은 이런 상황에 일찌감치 대비해서 체계적인 경영자육성제도를 통해 최고경영자가 될 가능성이 있는 경영자들을 미리 파악해서 육성하고 있다. 미국 기업들은 내부에서 길러지거나 외부로부터 영입된 경영자들이 최대한 역량을 발휘하도록 하기 위해 정교한 경영자평가 보상제도(executive compensation)를 시행하고 있다.

한국은 아직 경영자에 대한 전반적인 평가 및 보상이 선진기업에 비해 크게 뒤떨어져 있다.

최근 국내 일부 기업에서 선진기업들의 경영자 인사제도를 부분적으로나마 도입하려는 시도를 하고 있으나, 대부분 제도의

> 미국 기업들은 경영자들이 역량을 최대한 발휘하도록 하기 위해 정교한 경영자평가 보상제도를 시행하고 있다.

근본 취지에 대한 정확한 이해나 제도 설계에 대한 전문성 없이 제도의 겉모습만을 모방하는 데 그치고 있다.

이제는 한국도 기업의 전략과 보상철학을 기반으로 경영자 인사제도를 장기적인 시각에서 재검토해야 할 시기를 맞고 있다.

불황탈출을 위해 지금 한국기업들은 여러 시도를 하고 있다. 경영전략 재수립, 사업 포트폴리오 재구성, 구조조정, 원가절감, 인사제도 혁신 등이 그런 것들이다. 그러나 이런 노력도 유능한 최고경영자의 강력한 리더십이 없다면 기대했던 성과를 거두기 어렵다.

개혁의 주체는 사람이며, 그 중에서도 최고경영자는 그 핵심에 있기 때문이다. 유능한 경영자가 지금 우리 회사를 이끌고 여러 혁신의 중심에 있는지 기업들은 자문해봐야 한다. 만일 그렇지 않다면 유능한 경영자를 발굴하고 그런 경영자에게 동기를 부여하기 위한 제도 도입과 정교한 작동장치를 서둘러 마련해야 한다.

최고경영자로 키우는 네 가지 틀

미래 경영자를 육성하는 시스템은 크게 네 가지 틀로 짜여진다. 우선 경영자를 물색해야 한다. 기업이 어떠한 역량을 가진 어떠한 경영자가 필요한지를 알아봐야 한다. 이를 위해 기업의 중장기 전략을 시행하기 위한 조직 역량을 알아보고 이를 위한 모델을 수립한다.

이어 필요로 하는 각각의 포지션에서 맡은 바 역할을 수행할 능력이 있는 인재가 누군지 리스트를 작성해야 한다.

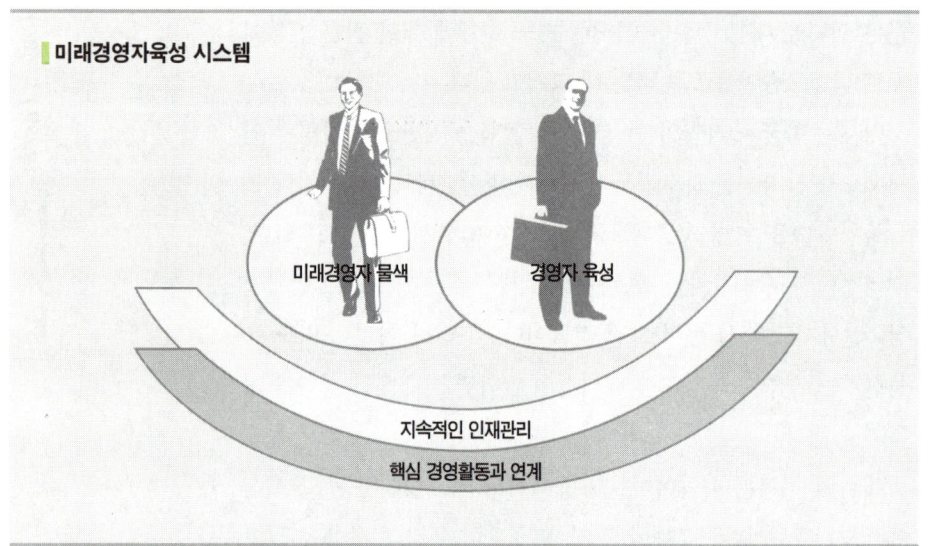

둘째 틀은 이렇게 파악된 인재들을 육성하는 경영자 개발이다. 최근에는 개인 코치(personal coaches) 제도를 도입해 조언, 평가, 피드백 및 경력지도를 해주는 방법, 사내 대학이나 특화 교육 등 공식적인 코스와 직무경험을 보완적으로 이용하는 방법, 경영자 후보자들을 고난도 업무에 배치함으로써 개인의 역량을 개발하고 미래의 리더들을 파악하고 효과적으로 개발시키는 접근방법 등이 이용되고 있다.

세번째는 최고경영층의 지속적인 관심하에 운영돼야 한다. 우수한 인재는 다른 자본과 마찬가지로 회사의 중요한 자원으로 인식, 전략적으로 관리되고, 결과에 책임을 져야 하는 시스템을 구축해야 한다.

마지막으로 이 제도가 조직의 목표 달성에 공헌하기 위해서는 기업에서 필요로 하는 리더의 인재상과 경영전략의 명확한 연계

> 기업에서 필요로 하는 리더의 인재상과 경영전략의 명확한 연계가 필요하다.

가 필요하다.

  기업들은 단독으로 동떨어져 존재하는 제도가 아닌, 경영전략과 맞춘 리더십 개발 및 제도를 마련하는 데 전력을 기울여야 한다. 이 제도들은 인사부 주도가 아닌 인사관련 부서의 뒷받침 하에 일선 부서들이 오너십을 갖고 실행해야 성공할 수 있다.

박광서(타워스 페린 대표)

Towers Perrin

근무시간 70% 「사람」에 매달려
효율적 인사제도 통해 인재 선별

우수한 인재 육성이 기업 성공의 관건이라는 진리를 일찍부터 깨달은 기업의 대표적인 예가 세계 최대의 기업으로 불리는 GE이며, 이를 이끈 장본인이 바로 전 CEO였던 웰치 회장일 것이다.

웰치 회장은 그 자신이 GE의 CEO가 되어 회사의 성과를 놀라울 정도로 향상시키기도 했지만, 다른 한편으로는 그와 같은 경쟁력 강화와 성과 향상의 주요 요인이 바로 인재에게 있다는 것을 깨닫고 실천한 경영자로 꼽힌다. 웰치 회장은 자신의 근무시간 중 70% 이상을 사람에게 쓴다고 이야기할 정도로 인재가 최고의 자산이라는 것을 일찍부터 천명했다.

경쟁력 강화를 위해 아무리 기업들이 경영전략 수립, 사업 포트폴리오 재구성, 구조조정, 원가절감 등 다양한 시도를 한다 하더라도, 결국 모든 일은 다름 아닌 사람에 의해 이루어진다는 사실을 웰치 회장은 알고 있었다.

가장 뛰어나다는 최고의 실천 시스템(best practice)을 들이댄다 하더라도 그것을 시행할 우수한 인재가 없으면 기업들은 경쟁력을 가질 수 없다는 점을 웰치 회장은 누누이 강조했다.

미래 리더 장기교육 — 이멜트 사장 등 키워

그는 유능한 인재에게 지속적인 관심을 가지기 위해 「세션 C」라고 알려진 미래의 리더 선별을 위한 특별과정을 매년 시행, 경영자 육성에 힘써왔다.

이 같은 그의 노력은 GE의 성과 향상으로 이어졌을 뿐 아니라 세계적으로 유능한 경영자들을 배출하는 결실을 낳기도 했다. 2000년에 GE의 새로운 CEO로 지목된 제프리 이멜트 GE 사장 역시 GE의 강력한 인사제도를 통해 육성되고 선별되었음은 이미 재계가 알고 있는 사실이다.

이멜트 사장 외에도 GE 출신 CEO들은 여러 기업에서 뛰어난 성과를 올림으로써 GE의 경영자 육성제도가 얼마나 강력하고 효율적인가 하는 것을 과시했다.

GE파워시스템 출신인 로버트 나델리는 홈 디포(Home Depot)사의 CEO 취임 이후 주가를 22%나 끌어올렸으며, GE어플

라이언스 출신 래리 존스턴은 앨버트슨사의 CEO 취임 이후 주가를 14% 끌어올렸다. GE 출신인 랜달 호건 역시 펜트에어사의 CEO에 취임한 이후 주가를 60%까지 상승시켰다.

짧은 기간에 GE 출신 CEO들이 강력한 리더십을 발휘해 이룩했던 이러한 성과는 모두 GE의 강력한 경영자육성제도에 기인했다 해도 과언이 아닐 것이다.

이와 같은 예에서도 볼 수 있듯이 GE가 갖고 있는 경쟁력의 핵심은 다름 아닌 우수한 인재, 그 중에서도 특히 우수한 경영자에게 있으며, 이처럼 우수한 경영자를 육성하고 개발하는 것은 무엇보다도 시급하고 중요하게 다루어져야 할 것이다.

경영진 팀워크를 극대화하라

CEO 중심 「개혁주도팀」을 만들어라

소니의 소형화 기술, GE의 리더십, 애플의 창의적 디자인, 델의 판매 모델, 인텔의 디팩토 스탠더드(표준기술) 등 세계 일류기업들은 저마다 「독보적인 경쟁요소」를 갖고 있다.

이들 일류기업에서 보듯이 경쟁기업에 비해 얼마나 차별화되고 독창적인 자원을 갖고 있느냐가 기업의 경쟁력을 좌우하는 척도다. 물론 아무리 노력을 해도 당장 얻을 수 없는 경쟁력도 있다. 이를테면 한국의 제약회사가 아무리 연구·개발(R&D)에 몰두한다고 해도 독일 바이엘같이 되기는 불가능할지도 모른다. 그렇다면 현재와 같은 암담한 경영여건에서 우리 기업들이 혁신을 통해 기업경쟁력을 키울 수 있는 분야는 무엇일까.

임원진의 팀워크로 돌파하라

한국기업의 현실을 종합해볼 때 가장 시급하면서도 높은 혁신

효과를 기대할 수 있는 분야는 「최고경영자(CEO) 중심의 인적 경쟁력 혁신」이다.

구체적으로 보자면 CEO를 정점으로 한 「고위 임원진팀(executive team : Ex-team)의 효율적인 운용」이다.

기업은 국제경제 환경, 문화, 고객, 조직구성원 등 셀 수 없이 많은 변화요인에 직면해 있다. 기업을 둘러싼 수많은 경영환경이 시시각각 변화하기 때문에 기업 경영진은 항상 환경변화에 기민하게 대응할 수 있는 조직 시스템에 대해 고민할 수밖에 없다. 특히 경제의 세계화가 진행되면서 환경변화 빈도는 갈수록 잦아지고, 변화의 범위는 넓어지고, 강도 또한 높아지고 있다.

이런 상황에서 기업들은 점진적이며 장기적인 변화를 추진할 시간적인 여유를 가질 수 없다. 이제는 즉각적이고 단절적인 변화(radical and discontinuous change)를 하지 않으면 안 된다. 다시 말해 경영의 문제점(개혁대상)이 발견되는 즉시 망설이지 않고 제거하거나 개량할 수 있어야 한다는 얘기다.

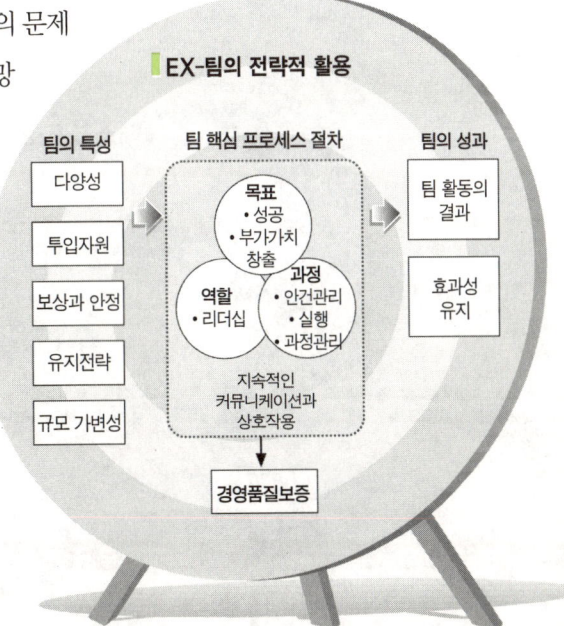

임시일용직까지 개혁의 절박성에 공감

동시에 경영의 여러 문제점을 개별 프로젝트를 추진하듯이 해결해야 한다는 뜻이다. 웬만한 기업의 최고경영자라면 상시적이고 즉시적인 개혁을 해야 하는 시대라는 것 정도는 알고 있다.

문제는 사장이 아니고 직원 모두, 심지어 임시용역직까지 「변하지 않으면 죽는다」는 개혁의 절박성을 공감하느냐는 것이다. 한때 잘 나가던 서구의 일류기업들 중에도 최고경영자의 개혁의지가 비할 수 없이 강했고 순수했지만 경영일선 직원들이 무관심과 몰이해로 일관했기 때문에 개혁에 실패, 망해버린 사례를 흔히 볼 수 있다. 어떻게 하면 전체가 변화 마인드를 공감하고 실천에 옮길 수 있을까.

전략적인 변화(strategic change)를 위해서는 CEO를 돕고, 변화에 앞장설 수 있는 힘의 중심을 구축해야 한다. 이런 중심축을 만드는 인적 자원이 바로 Ex-팀이다. 임원회의, 사장단회의를 놓고 「우리 회사는 Ex-팀을 운용 중이다」고 생각하면 큰 착각이다.

「태스크포스」로서의 Ex-팀

구체적인 목적과 안건(agenda)을 가지고 핵심 두뇌집단의 역할을 하는 창의적인 「태스크포스」로서의 Ex-팀을 만들어야만 한다. 이 팀은 물론 상시조직으로도 운용할 수 있다.

상시조직 외에 CEO가 새로 취임하거나 구조조정시기

및 경영의 외부환경 변화가 극심할 때 Ex-팀을 운용할 수 있다. Ex-팀의 핵심역할은 의사결정에 그치는 게 아니고 결과까지 이끌어내고 책임지는 것이다.

CEO는 리더의 역할을 수행하는 동시에 능동적인 팀원의 역할도 해야 한다. 아서 왕의 원탁회의처럼 왕이 원탁의 주인이 될 수도 있고 기사와 똑같은 처지일 수도 있다. CEO가 멤버인 만큼 임원 중에서 차기 CEO감을 고르는 마당이 될 수도 있다.

Ex-팀의 핵심 프로세스는 전략적 목표(goals), 명확한 역할(roles), 공식적 절차(procedure)를 구체화하는 것이다. 일반적으로 팀제는 거의 모든 조직이 활용하는 매우 보편적인 조직형태로 자리매김하고 있다. 하지만 유독 Ex-팀을 여기에서 거론하는 이유는 다음과 같다.

첫째, Ex-팀에 속한 구성원들은 회사의 임원들인 만큼 사내외적으로 다양하고 복잡한 네트워크 관계를 맺고 있다는 점이다. 기업 내의 여느 팀과는 달리 Ex-팀은 소비자를 비롯해 경쟁기업, 이사회, 자금시장, 주주들과 얽히고설킨 이해 관계를 갖고 있다.

둘째, Ex-팀은 아주 정치적인 조직일 수 있다. CEO가 장래의 승계자를 미리 관찰할 수 있는 자리인 만큼 어느 임원이 팀에 속해 있느냐가 최대 관심거리일 수밖에 없다.

셋째, Ex-팀 멤버는 차기 CEO를 넘보고 있다. 따라서 팀 구성원들이 CEO 자리를 승계받을 수 있도록 최대 노력을 아끼지 않을 것이다.

CEO는 이 팀에 참여하면서도 이 팀을 지도하는 두 가지 과업을 동시에 수행하는 특별한 역할과 기능을 해야 한다. CEO는 팀장이 돼 중요한 결정을 즉시 내려야 한다.

임원회의와 다른 점은 이 태스크포스에서 안건이 만들어지고 일 처리에 대한 의사결정이 내려진다는 점이다.

Ex-팀을 만들고 운영하는 것이 1차적인 과제이긴 하지만 그것으로 개혁의 성공이 보장되는 것은 아니다. Ex-팀을 조직의 차별적 경쟁요소로 진화시키기 위해선 CEO를 포함한 최고 의사결정자들(경영진)의 전략적인 행동과 부단한 노력이 수반되어야 한다.

양 백(윌리엄 엠 머서 부사장)

체질에 맞는 모델 채택이 관건

이제 실제로 Ex-팀을 어떻게 짜고 운영하는지 살펴보자. 어떤 기업이 「전략 및 정책」과 「사업운영」 2개 팀을 짠다고 하자. 이 경우 CEO는 세 가지 형태로 Ex-팀을 짤 수 있다. 첫째는 가장 자연스러운 형태로 조직을 유지하면서 태스크포스를 만들 수 있는 「전통구조」로 팀을 짤 수 있으며, 둘째 급변하는 기업환경에 조직이 신속하게 대처할 수 있도록 「스피드 구조」로 만들 수 있다. 셋째, 가장 적절한 인력을 적재적소에 활용해 임원을 비롯한 조직간부들의 맨파워 시너지를 극대화하는 「리더십 구조」다.

전통구조 — 원활한 팀 간 조정과 타협

전통구조의 경우 CEO가 기업경영에서 두 중심축인 「전략 및 정책」팀과 「사업운영」팀을 직접 운영해 의사결정을 내린다.

이 구조에선 CEO가 두 팀의 리더 역할을 맡는다. 이 경우 팀 구성원들의 공감대가 형성될 수 있어 사안마다 팀 간 조정과 타협이 잘 될 수 있다는 것이 장점이다.

하지만 임원들만으로 구성되기 때문에 사업실천에서 역동적인 다양성이 취약해지고 사내 공감대가 상대적으로 약해질 우려가 있다. 양 팀에 동시에 속하게 되는 임원들의 역할 및 책임 한계가 모호해질 수 있다는 단점이 있다.

스피드 구조 — 속도에 비중을

두번째는 사업 진척 속도에 비중을 두는 「스피드 구조」다. 이 형태는 임원만이 아니라 전통구조의 팀에서 찾아볼 수 없는 부서장급들도 팀원으로 활동할 수 있다.

이 팀의 특징은 팀원이 전략정책 및 사업운영 양 팀에 동시에 소속될 수는 없다는 것이다. 왜냐하면 구성원의 역할과 책임이 보다 명확해야 의사결정이 신속해지기 때문이다.

부서장급의 참여를 통해 이들의 역량을 더욱 강화시켜 미래의 리더를 육성하는 인재풀을 형성할 수 있다. 하지만 두 집단 간 전혀 다른 구성원들로 메워져 공감대가 형성될 수 없다는 단점이 있다.

리더십 구조 – 열린 마당을 통한 아이디어 활성화

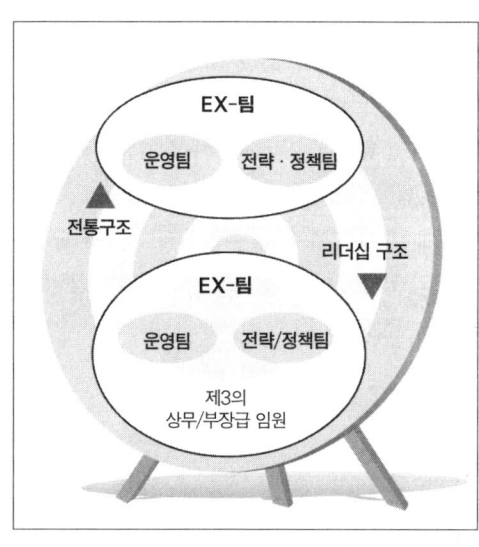

마지막은 구성원의 참여범위를 확대, 제3선의 임원급 인사까지 모두 포괄한 「리더십 구조」다. 리더십 구조는 기업의 모든 간부급들이 모든 사안에 참여할 수 있도록 열린 마당을 만드는 형태다. 워낙 다양한 구성원들이 모이기 때문에 아이디어가 백출할 수 있다.

윌리암 엠 머서 ▶▶▶ **Ex-팀 운영 사례**

하지만 구성원들은 자신의 역할이 무엇인지 분명하게 구별할 수 없으며, 의사결정에서 신속성이 떨어지고 옥상옥이 형성되는 등 업무효율 면에서 오히려 마이너스가 될 수 있다. 이 구조로 태스크포스를 만들려면 팀 업무절차를 관리하는 또 다른 추가조직도 있어야 한다.

기업들은 자기 회사의 사정에 맞게 이 같은 세 가지 구조 중에서 하나를 선택하는 게 바람직하다. 전통구조의 경우에는 정기적인 만남과 스케줄을 통해 꾸려나가는 게 중요하지만 스피드 구조를 선택하는 경우 일사천리로 일을 처리하게끔 회사 내 시스템이 마련돼야 한다.

제3선의 임원진까지 포괄하는 리더십 구조의 경우 보통 2~3일 간의 일정으로 분기 또는 반기에 한 번 운영하는 게 바람직하다.

M&A의 성공 키워드, HR

M&A의 성공을 위한 HR의 전략적 중요성

1990년대 후반부터 전세계적으로 M&A가 규모 및 숫자 양면에서 모두 급속히 증가하고 있다. 그러나 이러한 증가 추세에도 불구하고 타워스 페린의 1995년 연구에 따르면 USD 500만 달러 이상의 M&A 사례 중 약 17%만이 M&A를 통해 수익을 창출하고 있었다. M&A의 주 목적이 성장과 수익창출이라는 점에 비추어볼 때, 17%라는 숫자는 심각하게 낮은 것으로 받아들여진다. M&A 기업의 80% 이상이 실패하고 있는 것이다.

성공적인 M&A에 대한 주요 도전요소

이처럼 M&A가 실패하는 주요한 이유는 무엇인가. 타워스 페린과 인적자원경영협회(Society for Human Resource Management)가 2000년에 수행한 연구결과에 따르면, M&A 과정에서 성공적인 통합을 저해하는 7대 장애물은 다음과 같다.

- 재무적 성과 유지 능력의 부재
- 생산성 감소
- 문화적 갈등
- 핵심 인력의 유출
- 관리방식의 충돌
- 변화관리 능력의 부재
- 의사결정의 지체

이 밖에도 핵심 직무 담당자의 부적절한 선정, 통합의 목적과 시너지에 대한 이해 부족, 새로운 비즈니스 모델의 실행력 부족, 통합계획의 부적절성, 시너지 효과의 과대 평가, 인수 가격의 과다 지출, 피인수기업의 불건전성 등이 장애물인 것으로 나타났다.

이 중 문화적 갈등, 핵심 인력의 유출, 생산성 감소, 의사결정의 지체, 핵심 직무 담당자의 부적절한 선정 등이 사람과 관련된

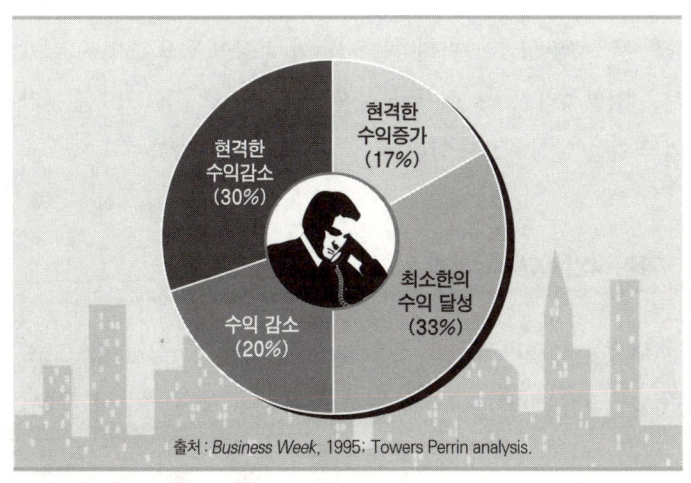

출처 : *Business Week*, 1995; Towers Perrin analysis.

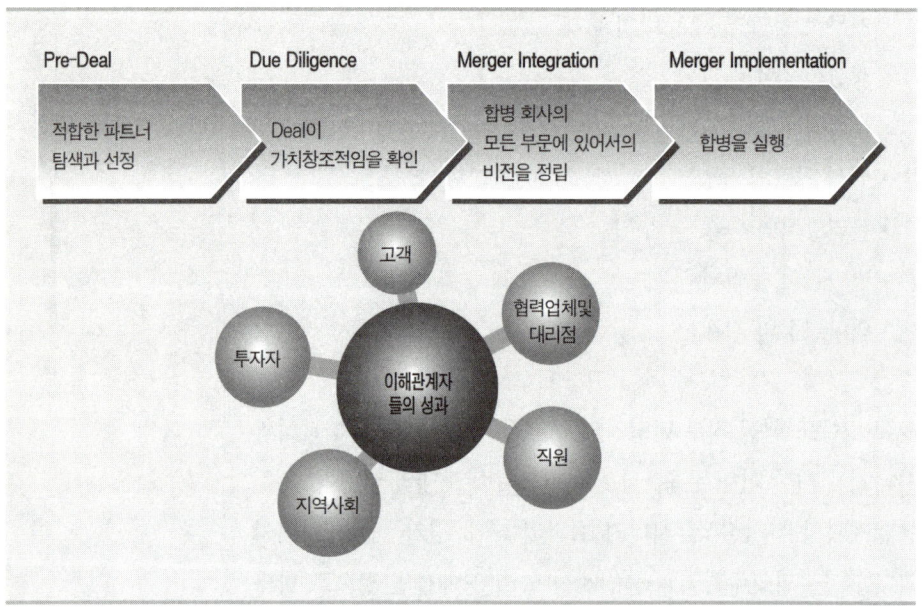

이슈라는 점에서 M&A의 성공을 위해 기업들이 가장 중시해야 할 요소 중 하나는 다름 아닌 사람이라는 것을 알 수 있다. 그렇다면 사람과 관련된 이슈의 해결, 그리고 궁극적으로는 이를 통한 M&A의 성공을 위해서는 어떠한 과정이 필요한가. 아래에서는 이상적인 M&A 절차와 성공적인 M&A를 위한 HR 전문가의 역할을 설명하고자 한다.

이상적인 M&A 진행 절차

M&A는 Pre-Deal, Due Diligence, Merger Integration, Merger Implementation의 절차를 거친다. 또한 이 과정에서 수많은 이해관계자와 맞닥뜨리게 된다.

이해관계자들의 이해를 조정하는 데 있어서 HR 전문가가 적절한 기여를 할 수 있다.

성공적인 M&A에 대한 정의는 각 이해관계자의 이해에 따라 다양하게 정의될 수 있기 때문에 이들의 기대와 요구를 충족시키지 못할 경우 M&A가 실패할 위험은 전 과정을 통해 상존하게 된다. 이러한 이해관계자들의 이해를 조정하는 데 있어서 HR 전문가가 적절한 기여를 할 수 있다.

성공적인 M&A를 위한 HR 전문가의 역할

HR 전문가는 M&A의 전 과정에서 성공을 위해 기여를 할 수 있으며, 특히 초기 단계에서부터 개입할수록 성공률을 높일 수 있다. 구체적으로 각 단계별 HR 전문가의 역할은 다음과 같다.

Pre-Deal
- 인력, 문화, 조직의 측면에서 적합성을 검증할 수 있는 툴을 제공한다.
- 인수 대상기업의 조직 역량에 대한 평가 및 인력의 핵심역량에 대한 평가를 진행한다.
- 재무 및 운영담당 경영자에게 조직, 인력, 문화적인 측면에서의 위험 요소를 조언한다.
- 높은 이직률 등 발생 가능한 이슈들을 점검한다.

Due Diligence
- 인건비 관련, 핵심 인력의 유지를 위한 추가적 비용 지출 등을 추정한다(연금, 경영자를 위한 특별 프로그램, 퇴직금 등).

- 관리 관행의 통합에 소요되는 비용을 추정한다.
- 문화를 진단(culture review)한다.
- 무형자산(지적 자산, 조직 역량 등)에 대한 가치평가에 대해 조언한다.

Merger Integration
- 비전 및 전략을 제시한다.
- 통합사의 새로운 인사·조직관리 시스템에 대한 방향을 제시한다(보상, 인력관리, 변화관리, 노동관계, 핵심 인재 유지, 생산성 향상, 커뮤니케이션 프로그램 등).
- 통합사의 인력을 계획한다(재배치, 전직알선 등).

Merger Implementation
- 새로운 비즈니스 모델에 적합한 인사제도를 설계한다.
  — 총보상(total reward)제도, 기타 인사 프로그램과 운영 관행을 비즈니스 모델과 정합(align)시킨다.
- 조직 및 인사관련 목적에 비추어 통합의 진척 정도를 모니터링한다.
- 지속적으로 변화관리를 실시한다.
  — 지속적인 변화관리, 활발한 커뮤니케이션 지속, 인사관련 전환 이슈 등을 관리한다.
- 경영자로 하여금 문화, 리더십, 생산성, 근무 환경, 그리고 커뮤니케이션 등과 관련된 이슈들을 지속적으로 관리하도록 조언한다.
- 경영자 보상제도가 M&A로 인한 시너지 효과를 극대화시키

> 성공적인 M&A를 위해 많은 선진 기업들은 재무 및 법적인 부분과 HR를 동등한 위치에서 고려한다.

는 방향과 정합되도록 설계한다.

　이처럼 M&A 전 과정을 통해 HR 전문가의 역할은 무척 중요하다. 그러나 우리나라를 비롯한 많은 아시아권 국가들은 M&A 과정에서 HR를 너무 늦게, 그리고 너무 소극적으로 개입시키고 있다. HR의 역할이나 중요성을 간과하고 당장 눈에 보이는 재무나 법적인 부분에 치중하는 경향이 적지 않다. HR는 M&A가 이루어진 이후에야 고려 대상이 되곤 하는데, 이 때에는 이미 사람, 조직, 문화와 관련된 이슈가 표면에 드러나 있는 상태로서 HR가 대응하기에는 시기가 늦다. 반면에 성공적인 M&A를 위해 많은 선진 기업들은 재무 및 법적인 부분과 HR를 동등한 위치에서 고려한다.

　성공적으로 M&A를 수행한 기업들은 M&A 초기에 HR 부서 및 HR 전문 컨설팅 회사를 적극 개입시키며, 전체적인 M&A 과정에 전문가로서 HR 부서 및 HR 전문 컨설팅 회사의 역량을 활용한다. 이와 같은 사실에 비추어볼 때, 한국의 기업들 역시 M&A 과정에 HR가 포괄적이고 중요한 역할을 하게 함으로써 M&A의 성공률을 훨씬 높일 수 있을 것이다.

박광서(타워스 페린 대표)

총보상접근법(Total Rewards Approach)

적절한 보상체계를 구축하라

오늘날 기업들은 날로 치열해져 가는 「인재 전쟁(talent war)」에서 우수 인재를 확보하고 유지하기 위해 다양한 시도를 하고 있다. 이러한 기업의 우수 인재 확보·유지를 위한 방법의 하나로 총보상 접근법(total rewards approach)의 효과성에 대한 인식이 높아가고 있다. 이는 지식기반 산업의 급속한 성장, 노동시장의 변화, 기업과 경력에 대한 사람들의 의식 변화 등으로 인해 예전과 같은 단순한 급여구조로는 더 이상 인재 전쟁에서 경쟁력을 갖출 수 없기 때문이다.

총보상 접근법은 보상체계를 구축할 때 급여, 복리후생, 교육 및 역량 개발, 업무환경의 네 가지 차원을 고려하는 것이다. 총보상 접근법은 직원들에게 보다 개별화된(customized, individualized) 보상 방식을 제공하는 데 초점을 두고 있는데, 이를 통해 기업들은 직원들과의 의미 있는 기대·보상관계(deal)를 설정할 수 있다. 또한 최근에는 단순히 보상 구성 요소를 다양화하는 데에서 더 나아가 기업의 보상 투자수익(return on investment : ROI)을 극대화하는 관점으로 확대되고 있다.

총보상 최적화

그렇다면 기업이 직원들에 대한 투자수익을 극대화할 수 있는 투자 수준은 어디인가? 직원 유지를 최대화할 수 있는 최적의 자원배분 방식은 무엇인가? 하는 관점에서 제시되는 것이 바로 총보상 최적화(total reward optimization : TRO)다. 즉 TRO란 우수한 인재의 유지를 최대화할 수 있도록 보상 투자재원을 배분함으로써 직원에 대한 ROI의 극대화를 도모하는 것을 의미한다.

총보상 최적화를 위한 두 가지 분석기법으로서 컨조인트 분석(conjoint analysis)과 포트폴리오 최적화 분석(portfolio optimization analysis)을 이용한다. 컨조인트 분석은 직원의 보상 요소에 대한 선호를 설문조사를 통해 파악하는 방법이고, 포트폴리오 최적화 분석은 기업의 주어진 예산 내에서 개별 보상 요소에 대한 비용·효과를 분석하고, 최적의 보상 요소를 구성하는 방법을 말한다. 기업은 이러한 분석결과에 기초해 보상 투자 수준 대비 기업이 목표로 하는 직원 유지(retention) 수준을 최적화할 수 있는 경제적 효율 곡선(economic efficient frontier)을 파악할 수 있고, 이러한 투자 최적화 곡선을 따라 기업의 총보상 투자 수준을 결정한다. 즉 현재의 직원 유지 수준을 향상시키기 위해 얼마만큼의 보상 투자가 더 필요한지, 현재 수준을 유지하면서 얼마만큼의 보상 투자 절감이 가능한지를 파악할 수

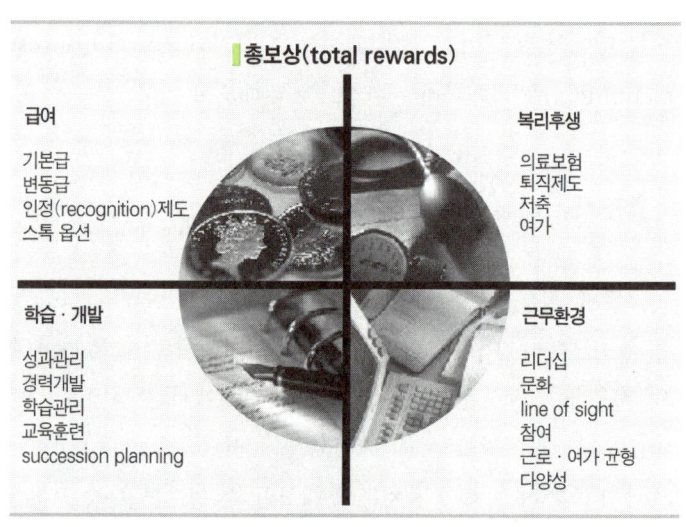

있는 것이다.

이렇게 기업 전체 차원의 총보상 투자 수준이 결정되고 나면, 개별 보상 요소에 대한 투자가 직원 유지에 미치는 효과, 비용 및 ROI 분석을 수행함으로써 직원들의 이직을 최소화할 수 있는 최적의 투자 수준을 파악할 수 있게 된다. 또한 컨조인트 분석에서 파악된 보상 선호에 따른 직원 그룹별로 서로 다른 투자 효과가 나타날 수 있으며, 이에 따라 다양한 보상 포트폴리오를 제시하는 것이 가능해진다.

TRO 방법론 활용을 통해 기업이 누릴 수 있는 이점

TRO를 통해 기업이 누릴 수 있는 이점은, 기업이 추가적인 재정적 부담 없이 우수 인재를 확보·유지할 수 있는 가능성을 높인다는 것이다. 또한 분석을 통해 우수 인재들이 선호하는 보상

TRO를 통해 기업은 추가적 재정부담 없이 우수한 인재를 확보할 수 있다.

요소에 더욱 초점을 둔 보상제도의 마련도 가능해질 것이다.

추가적인 보상 투자가 필요한 경우, 어떤 방식으로 활용하는 것이 가장 효과적인지를 파악할 수 있게 될 것이며, 또한 컨조인트 분석을 통해 기업이 제시하는 다양한 보상 요소에 대한 직원들의 선호도 파악이 가능해진다. 개별 직원의 니즈에 맞는 보상 패키지의 제시, 예를 들면 금전적 보상에 초점을 두는 직원과 개인의 경력 개발에 초점을 두는 직원 간에 차별적인 보상 요소를 적용할 수 있는 것 역시 TRO를 통해 얻는 이점 중 하나다.

박광서(타워스 페린 대표)

인재관리(Talent Management)

미래 경쟁력의 주춧돌, 인재관리

　언제부터인지 모르게 사람이 기업의 핵심 경쟁력이라는 생각이 상식처럼 받아들여지는 시대가 되었다. 인구에 회자되는 것도 정도가 심하면 식상해지게 마련인지, 아쉽게도 국내 기업에서 인재관리(talent management)에 특별한 관심을 갖고 진지한 노력을 기울인다는 소식은 별로 들어본 적이 없는 것 같다.

　반면에 이미 글로벌 리더로 군림하는 초우량 기업들의 경우 유능한 인재의 확보와 유지, 그리고 개발에 갈수록 더 많은 시간과 돈을 들인다는 사실이 우리에게 무엇을 시사하는가 생각해볼 필요가 있을 것이다.

　만일 기업의 핵심 경쟁력이 「사람」인 시대가 이미 도래했고, 그것이 당연한 시대적 조류라면 글로벌 리더와 기업들 사이의 간극은 갈수록 벌어져서 급기야 따라붙기조차 불가능한 시절이 오지나 않을지 걱정하는 것은 과연 기우에 불과할까? 자문해볼 일이다.

이쯤에서 비록 소는 잃었지만 외양간이라도 고쳐야겠다는 다소 비장한 마음으로 인재관리에 대한 생각을 정리해보고 나아갈 방향을 타진해보는 것도 매우 의미 있는 일일 것이다. 글로벌 리더들이 얘기하는 「인재관리」란 무엇인가?

 간단히 정의하면 「현재, 그리고 다가올 미래의 비즈니스 목표를 달성하기 위해 꼭 필요한 기업 내부의 인재를 확보하고 개발하려는 체계적인 노력」이라고 말할 수 있다.

 이러한 정의에 입각해 인재관리의 프레임워크를 도식화하면 그림 1과 같다.

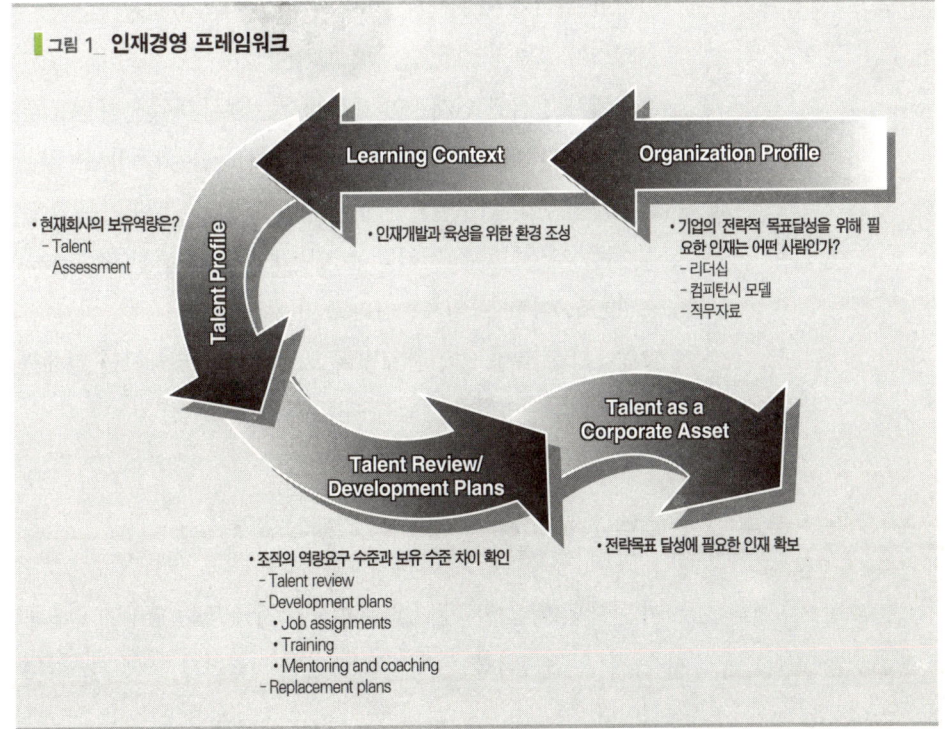

그림 1_ 인재경영 프레임워크

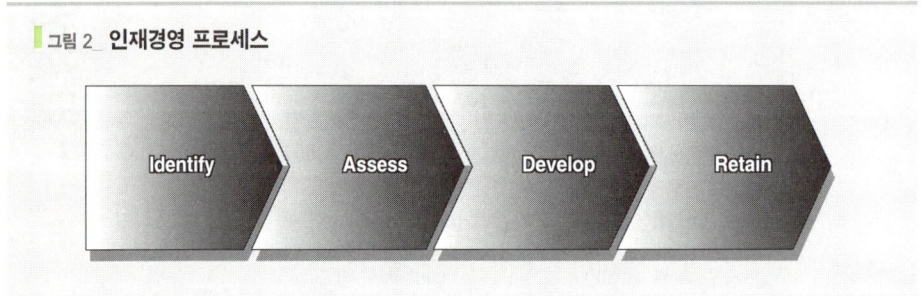

그림 2 인재경영 프로세스

그림의 인재관리 프레임워크를 잘 살펴보면, 기업의 인적 자산 창출 과정 중 특히 취약한 부분에 관한 개괄적인 아이디어를 얻을 수 있다.

이러한 프레임워크에 기반하여 위의 그림 2와 같은 인재관리 프로세스가 도출되었다.

그림에서 정리된 인재관리 프로세스는 회사가 추구하는 전략적 성과물에 대한 규명단계와 이러한 성과물을 획득할 수 있는 사업전략에 관한 검토결과에 토대를 두고 있다. 전략적 목표 달성을 위한 사업전략을 지원할 수 있는 「사람」에 관한 전략(people strategy)이 바로 인재관리라고 할 수 있다.

그림 2의 프로세스 각 단계별 주요 이슈를 정리해보면 인재관리에 관해 더욱 명확한 개념을 가질 수 있다.

스텝 1. Identify ─ 전략적 인재상 규명

이 단계의 핵심 이슈는 『우리 회사가 지금 또는 향후에 필요로 하는 지식, 전문역량, 가치체계는 어떤 것들인가?』에 대한 규명작업이다.

회사가 지금 또는 향후에 필요로 하는 지식, 전문역량, 가치체계는 어떤 것들인가?

회사의 전략적 인재상 규명 작업은 구체적으로 직무명세표 및 요건서의 정리, 역량모형(competencies model) 설계, 직위별 역할과 책임 분석, 그리고 어카운터빌리티 확인 작업 등을 통해 이루어진다.

이 단계의 제반 작업은 회사 전체의 전략적 목표 달성과 일관되게 이루어져야 하므로, 전사·사업부·팀 단위의 CSF(critical success factors)와 KPI(key performance indicators)에 대한 기능분석 작업의 후속 단계로 진행되는 것이 바람직하다. 단, 별도의 절차를 거쳐 기능분석을 실시할 만한 여건이 안 된다면, 직무분석 작업시 회사의 기능분류체계에 대한 검토 작업을 수행함으로써 기능분석을 부분적으로 대체할 수도 있을 것이다.

이 단계에서 주로 짚어보아야 할 핵심사안은 아래와 같이 요약할 수 있다.

- 회사의 전략적 사업방향과 이에 따른 인력수요는 어떤가?
- 회사의 사업전략을 생각할 때 현재 우리의 경쟁우위 요소는 무엇이고, 부족한 점은 무엇인가?
- 회사의 사업전략 목표 달성을 위해 시급히 보완해야 하는 인재의 유형은 어떤 것들인가?

이러한 질문에 대한 회사의 생각은 주로 포지션 프로파일(position profile)의 형태로 결집되는 것이 일반적이다. 포지션 프로파일 속에는 아래와 같은 사항이 정리되어야 한다.

- Required Education
- Required Experience
- Required Skill and Knowledge
- Key Competencies
- Scope and Responsibility
- Position Title
- Grade
- Values of Position(Position Evaluation의 결과)
- Salary Range
- Line of Report
- Performance Measures
- Work Processes

스텝 2. Assess — 역량 진단

이 단계의 핵심 이슈는 『우리 회사가 지금 또는 향후에 필요로 하는 지식, 전문역량, 가치체계를 과연 얼마나 보유하고 있는가?』에 관한 확인작업이다. 회사가 현재 보유하고 있는 인재의 총량은 어느 정도인가를 판단할 때 아래와 같은 평가 측정치들을 활용할 수 있다.

- Performance/Results Achievement
- Competency/Proficiency
- Experiences/Career Accomplishments
- Demonstrated Learning Ability

> 회사가 지금 또는 향후에 필요로 하는 지식, 전문역량, 가치체계를 과연 얼마나 보유하고 있는지 파악하라.

- Aptitude/Psychological Factors(Personality or Interest)
- Potential

위의 평가 측정치는 여러 방식으로 파악될 수 있다(그림 3).

그림 3에서 오른 쪽으로 갈수록 방법의 복잡성과 비용이 커지는 것이 사실이지만, 그 효용을 생각하면 충분한 투자 가치가 있을 것이다. 「강제순위법(forced ranking)」이나 「상사평가(management assessment)」의 경우는 비록 운영하기 쉽다는 장점이 있으나, 평가결과가 편파적으로 흐를 가능성이 크다. 다소 복잡하고 어려운 점이 있기는 해도 가능하다면 360도 평가를 시도해 보는 것이 바람직하다.

360도 평가는 평가자의 주관이 발생할 확률이 가장 적으며, 직원의 직무행동에 관해 가장 정교한 피드백을 할 수 있다는 장점을 지니고 있다. 360도 평가가 일부 평가자에게는 상당한 부담이 되고, 직원의 직무행동을 관찰할 기회가 평가자별로 다르다는 점에서 최종 평가치를 산정할 때는 평가자별로 상대적인

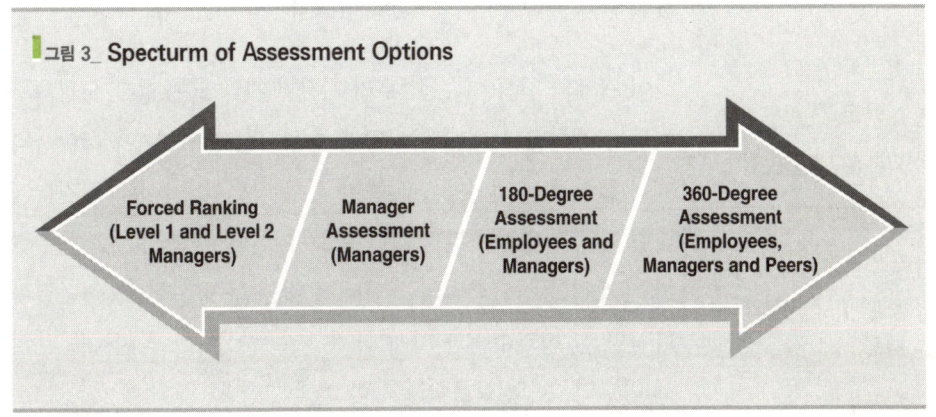

그림 3_ Spectrum of Assessment Options

가중치를 부여하는 것이 바람직하다.

과학적인 진단작업을 마친 뒤라면, 직원 각자에 대한 개인 프로파일(personal profile)을 만들 수 있을 것이다. 국내 기업에서 일반적인 직원 신상 카드와는 달리 개인 프로파일은 직원 개개인의 역량과 장단점 등 정교한 정보를 담고 있다. 개인 프로파일에는 다음과 같은 사항이 포함되는 것이 일반적이다.

- Basic Personal Information(성명, 직책, 직급, 급여, 상급자 등)
- Potential Job Opportunities(Job title, readiness)
- Assessment Results(Ranking, Rating, Score for each success factor)
- Performance History(최근 고과 등급)
- Employment History(과거 직무, 직장, 근무기간 등)
- Professional Development(태스크포스 경력, 과외활동)

스텝 3. Develop — 인재 개발 및 확보

이 단계의 핵심 이슈는 『우리 회사가 지금 또는 향후에 필요로 하는 인재들을 사내에서 어떻게 육성시킬 것이며, 어떻게 사외에서 끌어들일 것인가?』에 관한 검토 작업이다. 사내 직원들에 대한 육성전략은 기본적으로 현 보유 인력들의 역량 수준에 관한 체계적인 진단작업의 결과에 토대를 두어야 한다. 진단결과 확인된 현 성과수준과 미래 잠재성 수준에 따라 직원들을 분리해 별도의 육성전략을 적용해야 한다(그림 4).

> 사내 직원들에 대한 육성전략은 기본적으로 현 보유 인력들의 역량 수준에 관한 체계적인 진단작업의 결과에 토대를 두어야 한다.

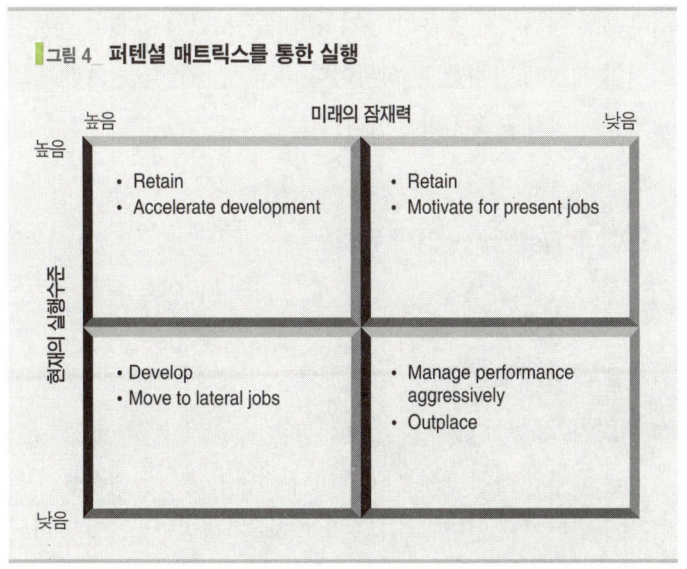

그림 4 퍼텐셜 매트릭스를 통한 실행

첫째, 미래 잠재력과 현재의 수행이 모두 높은 경우 회사에 꼭 필요한 스타급 인재로서 특별히 유지·관리에 신경써야 한다. 이들의 경우, 자기실현 욕구가 강한 것이 일반적이므로 회사 내부에서 나름대로 잠재성을 실현해나갈 수 있도록 별도의 경력개발 계획을 마련해 적용하는 것도 생각해보아야 할 것이다.

둘째, 현재의 성과는 매우 높으나 미래 잠재력은 그다지 높지 못한 경우다. 이 경우에 해당되는 인재는 회사의 중추적인 실행자 또는 공헌자(contributor) 형으로서, 현재의 직무에서 더 나은 성과를 보일 수 있도록 지원하고, 외부 노동시장의 강력한 유혹이 있는 경우가 많으므로 역시 유지·관리에 신경을 써야 할 것이다.

셋째, 미래의 잠재성은 높으나 현재의 성과는 낮은 경우다. 이런 유형의 인재가 나타나는 이유는 크게 두 가지다. 우선 현재의 직무수행 여건에서 충분히 동기화되지 못하거나 현재의 직무가 직원의 적성에 맞지 않는 상황이다. 따라서 직원들을 분리해 별도의 육성전략을 적용해야 한다.

스텝 4. Retain — 인재 유지

이 단계의 핵심 이슈는 『현재 우리 회사가 보유하고 있는 우수 인재를 어떤 식으로 유지·관리해나갈 것인가?』에 관한 전략 설정 작업이다.

최근 국내의 거의 모든 산업장마다 전대미문의 인재경쟁이 치열하게 벌어지고 있다. 그리고 그 대상은 「평범한」 인재가 아닌 「우수한」 인재라는 점이다.

사업적으로도 종래의 안이한 경쟁구도가 무너지고 수익이 되는 사업이면 전세계의 강력한 리더들이 앞뒤 가리지 않고 뛰어드는 상황이다.

따라서 소수의 핵심인재에 대한 확보 경쟁은 말 그대로 전쟁이 될 수밖에 없다.

이들 소수 인재들의 몸값이 천정부지로 뛰는 상황에서 다수의 평범한 인재들은 소외감을 느낄 수밖에 없게 되었다.

따라서 우선적으로 기업들은 자사의 인적 자본에 대한 정확한 진단과 아울러 핵심인재에 대한 유지·관리에 더욱 신경써야 하는 지경이 되었다. 이와 같은 인재유지전략의 핵심은 역시 보상과 경력개발이다.

보상에 관해 살펴보면, 향후에는 전체 회사 차원의 임금 경쟁력보다는 오히려 기능별 임금 경쟁력에 더 많은 관심을 기울여

> 인재들의 몸값이 천정부지로 뛰는 상황에서 다수의 평범한 인재들은 소외감을 느낄 수밖에 없게 되었다.

야 할 것이다.

즉 한 회사에 속한 기능의 직무가치를 평가하고 직무가치의 높낮이에 따른 차별적 임금구조를 설계하여 운영할 필요가 있다. 물론 이를 위해서는 과학적인 직무평가가 선행되어야 할 것이다.

다음으로 경력개발 측면에서 인재유지의 과제를 살펴볼 필요가 있다. 고전적인 의미에서 경력개발이라는 것은 일종의 승진관리와 다름이 없었는데, 이는 경력개발의 방향이 언제나 수직적이고 각종 개발과의 연계가 낮았기 때문이다.

그러나 최근에는 직무중심의 인사관리 관행의 확산과 더불어 위로 향하는 경력개발이 아닌 좌우 수평적 경력개발, 심지어 경우에 따라서는 아래로 향하는 경력개발도 이미 선진국에서는 일상화되는 추세다.

수평적 경력개발이라 함은 직원들이 자신의 역량을 최고조로 발휘할 수 있는 최적의 직무를 찾아보려는 작업이다. 아래로 향하는 경력개발이라 함은 더욱 장기적인 관점에서 자신의 적소를 찾아가려는 사람의 경우, 기존의 기득권을 부분적으로 희생해서라도 의미 있고 즐겁게 할 수 있는 직무를 찾아가는 힘든 작업이라고 볼 수 있다.

이러한 개념이 승진 위주의 경력개발을 지향하는 우리나라 직장인에게는 받아들여지기 힘든 것이겠지만, 이러한 과정을 기업 운영 시스템 속에 정착시켜 장려하는 기업이야말로 인적 자산의 효용과 가치를 극대화할 수 있는 것이다. 다만, 이럴 경우 중요한 것은 회사 내 모든 기능과 직무에 관한 정교한 경력 로드 맵(career road map)과 이동기준(progression criteria)을 미리 확

> 지적 자산과 사회적 자산은 그 회사의 인재관리 철학과 시스템에서 창출된다.

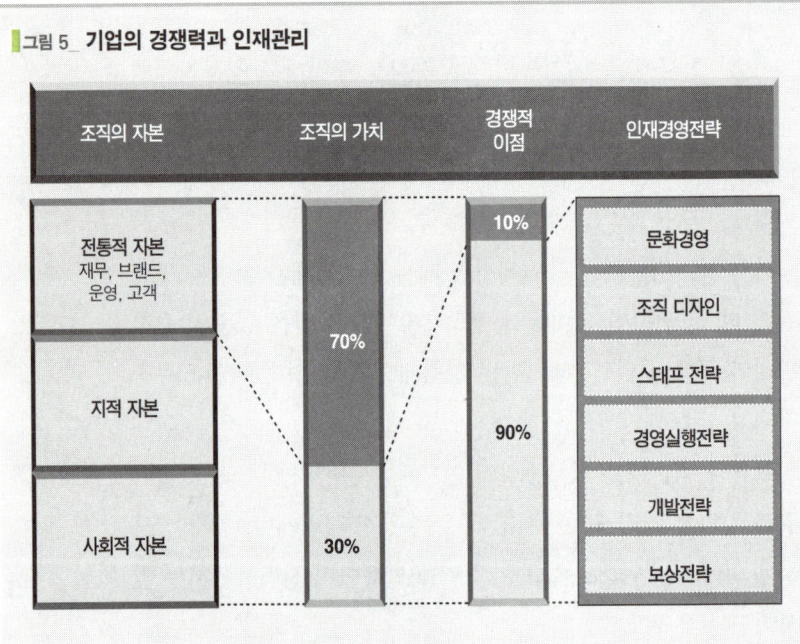

그림 5 _ 기업의 경쟁력과 인재관리

보하고 있어야 한다는 점이다. 아울러 제반 인사 시스템과의 철저한 통합과정 없이 개념만 받아들여 시도할 경우에는 혼란만을 불러오게 될 것이다.

선진국 투자 전문가들의 말에 따르면, 기업의 가치는 전통적인 자산(재무, 브랜드, 운영, 고객 등)과 지적 자산(지식, 노하우 등), 사회적 자산(문화, 풍토)으로 구성될 수 있다고 한다(그림 5).

이들이 평가하는 기업의 가치 중에서 3분의 1에 해당하는 것이 기업의 지적 자산과 사회적 자산이다. 이 비중은 향후 점차 늘어날 것으로 전망된다.

그러나 이들의 분석에 따르면, 지적 자산과 사회적 자산이 그 회사의 현재 총가치 중에서 3분의 1만큼밖에 설명하지 못하지만, 그 기업의 미래 경쟁력을 평가할 때는 이 두 가지 자산이 설명하는 비율은 거의 전부가 된다.

그리고 이와 같은 지적 자산과 사회적 자산은 그 회사의 인재 관리 철학과 시스템에서 창출된다.

김성훈(윌리암 엠 머서 컨설턴트)

Marketing

제3장
발상의 전환으로 먼저 깃발을 꽂는 자가 승리한다

accenture

●ANDERSEN

A.T.KEARNEY

BAIN & COMPANY

THE BOSTON CONSULTING GROUP

Deloitte
Consulting

PWC CONSULTING

Towers Perrin

WILLIAM M.
MERCER

고액 소매자산관리산업의 대두

VIP에 집중하라

아시아 경제 위기가 닥치기 전 보스턴 컨설팅 그룹은 다수의 금융기관을 상대로 개인고객 대상 영업의 중요성을 역설한 바 있다. 이에 대해 많은 금융기관은 원론적으로는 찬성했으나 실천에 옮긴 기관은 제한적이었다. 선발 시중은행의 경우 규모가 큰 기업금융을 중시하는 오랜 전통이 쉽게 바뀔 수는 없는 노릇이었다. 요구되는 변화는 몇십조 원이나 되는 공적 자금이 투입된 후에나 가능했다.

이제 보스턴 컨설팅 그룹은 금융기관의 향후 전략 방향에 대한 또 하나의 중요한 제안을 하려 한다. 보스턴 컨설팅 그룹은 고액자산을 보유한 소매고객 대상의 자산관리사업이 향후 5년 이내에 일반 소매영업이나 기업영업 등과 맞먹는 중요한 금융업의 축으로 등장할 것이며, 이러한 자산관리사업을 잘 하는 금융기관이 타 기관 대비 수익의 규모 면에서나 수익률 면에서 상당한 강점을 확보하게 될 것으로 보고 있다. 따라서 이 사업에서의 성패가 선도 금융기관이 되느냐 마느냐를 결정하는 중요한 요소가 될 것임에는 틀림이 없다.

고액 자산관리사업의 등장

국내 금융기관의 소매부문 수익 역시 80 : 20법칙의 예외가 아니다. 고액 소매자산관리사업은 결국 소매부문 대부분의 수익을 창출하는 20% 이내의 우수고객 또는 우수고객이 될 잠재력이 있는 고객——이들은 일정 액수 이상의 금융자산을 보유하고 있는 고액 자산가다——을 선별하고 발굴하여 이들이 금융기관을 통해 자산의 대부분을 관리·운용하게 하는 것을 목표로 하는 사업이다.

따라서 기존 금융기관에게는 소매부문 수익을 유지·확대해 나가는 데 필수적인 사업이며, 신규 진입자에게는 소수 정예 인력으로 대형 금융기관 소매부문 수익의 상당 부분을 노릴 수 있는 기회이기도 하다.

한국의 경우 10억 원 이상의 금융자산을 양성적으로 가지고 있는 고객의 수만 5만 2,000명에 이른다. 이들의 금융자산도 165조 원으로 추산되며, 2005년에는 그 액수가 약 270조 원에 이를 전망이다.

고객의 니즈와 시장상황 변화 측면에서도 국내 고액 소매자산관리사업의 부상을 예측하게 하는 징후가 나타나고 있다. 현재 국내 소매금융자산의 50% 이상은 은행 예금에 편중되어 있다. 그러나 미국이나 영국 등 선진국의 예금자산 비중은 개인 금융자산의 20% 미만이다(그림 1).

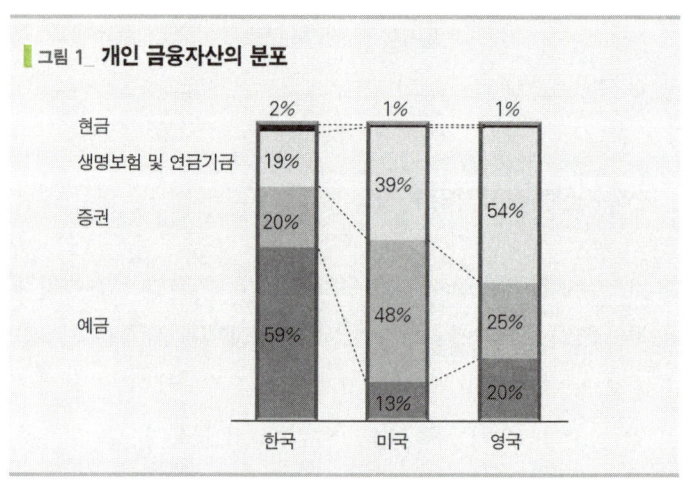

그림 1_ 개인 금융자산의 분포

물론 이러한 변화는 주식·채권시장의 발전을 전제로 가능한 것이겠지만, 중장기적으로는 한국에서도 이와 유사한 변화가 있으리라는 것을 짐작하게 한다. 실제 국내에서도 경제 성장률 둔화로 인한 금리 하락, 인구 고령화로 인한 노후 자금의 체계적 준비의 필요성 증가 등으로 안정적이면서도 은행 금리 이상의 수익이 기대되는 금융상품에 대한 고객의 관심이 증가하고 있다. 이와 함께 다양한 투자기회에 대한 자문과 상품을 제공하는 금융기관에 대한 욕구가 표출되고 있다.

규제 측면에서도 금융업종 간의 장벽이 서서히 무너지고 있다. 은행 창구를 통한 각종 수익증권 및 뮤추얼 펀드의 판매는 이미 보편화되었고, 내년에는 은행을 통한 보험판매(방카슈랑스)가 허용될 것으로 예상된다. 이러한 상황에서 금융기관은 고객에 대한 종합적인 상품·서비스 제공 방안을 연구하게 될 것이다.

향후 5년 이내에 고액자산을 보유한 소매 고객 대상의 자산관리사업이 중요한 금융업무로 등장할 것이다.

한국의 고액 소매자산관리사업의 과제

고액 소매자산관리사업에 진출하려는 한국 금융기관은 다섯 가지 전략적 과제를 고민해야 한다.

고객 유치 : 고객 유치는 고액 자산관리사업의 최우선 과제다. 특히 높은 고정비용 구조를 가지고 약 7조 원의 자산이 있어야 손익분기점에 도달하는 것이 보통인 고액 자산관리의 경우 해외 업체들은 기존 고객관계 활용을 통해 신규 서비스 증대를 위한 마케팅 활동을 적극적으로 벌이거나, 자사 리테일 지점 네트워크를 이용해 프라이비트 뱅킹 서비스 대상 고객을 파악하여 신규고객을 유치하고 있다. 일례로 영국의 한 은행은 리테일 지점의 담당자에게 프라이비트 뱅킹 서비스 추천으로 인해 리테일 지점에서 상실한 고객 예금 금액에 준하는 성과를 추적 회계 시스템(shadow accounting system)을 통해 지급하고 있다. 이러한 관행은 리테일 지점의 고객담당자가 자산운용 관리자에게 자신의 고액자산 고객을 자발적으로 추천할 수 있는 동기를 부여한다.

제공되는 서비스에 적합한 고객군의 선정 : 수익성을 확보하기 위해서는 기관별로 제공하려는 서비스에 합당한 고객을 타깃 고객으로 정하고 이들을 유치해야 한다. 예를 들어 미국의 한 프라이비트 뱅크사는 기존의 운영 비용 구조를 변경하지 않은 채 일반 부유층 고객군을 확보하고자 노력했다. 그 결과, 고객 수는 늘어났지만 수익은 급격히 감소했다. 흥미롭게도 지나치게 규모가

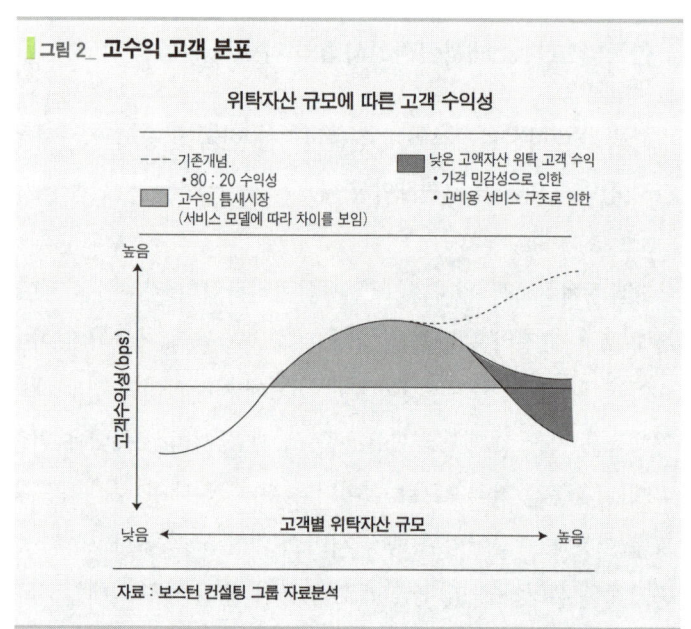

그림 2_ 고수익 고객 분포

큰 초고액 자산가를 유치하는 것 역시 수익성이 없거나 낮은 수익성을 보이는 경우가 있다.

초고액 자산관리가 수익성이 떨어지는 이유는, 이들 고객이 수수료 할인을 더 많이 요구할 뿐 아니라, 이들 고객에 대한 서비스 제공 비용이 타 고객군에 비해 높고 고객 요구사항도 많기 때문이다. 이와 같이 고객 서비스 모델과 서비스 비용을 통해 기관별로 이상적인 목표 고객군 자산 규모와 이에 합당한 서비스 모델을 발굴해야 한다(그림 2참조).

단순 자산관리가 아닌 부의 관리 : 고액 자산관리 사업에 진출하는 금융기관은 단순한 자산(asset)관리 대행자가 아닌 부(wealth)의 관리자로서 노력을 집중해야 한다. 일반적인 고액 자

> 고액 자산관리 사업에 진출하는 금융기관은 단순한 자산(asset)관리 대행자가 아닌 부(wealth)의 관리자로서 노력을 집중해야 한다.

산가들은 자산을 급속히 늘리기보다는 자신의 부를 안정적으로 유지하면서 세금을 절약하고 싶어한다. 고액 자산가들의 펀드 및 주식을 통한 투자수익은 미국의 경우 전체 수익의 41% 정도를 차지한다.

따라서 고액 자산관리자들은 고객에 적합한 보험 및 대출상품을 제공해 수익 및 세후 소득증대 방안을 함께 제시할 수 있어야 한다. 이를 위해서는 여러 부서나 관계사 간의 일사불란한 협조가 필수이며, 고객 접점을 전문성이 서로 다른 구성원으로 이루어진 팀제로 운영할 필요도 있다.

개방형 자산관리 플랫폼의 확보 : 금리인하는 투자자들로 하여금 점차 성과 중심으로 투자결정을 내리게 할 것이며, 이에 따라 다양한 금융기관들의 상품·서비스 중 가장 높은 수익을 가져올 상품·서비스를 선택할 것이다. 따라서 고객들은 이러한 상품·서비스 구색을 제공할 수 있는 기관을 선택할 것이다.

예를 들면 크리디트 스위스(Credit Suisse)는 이미 오래 전부터 고객들이 다양한 기관에서 제공하는 투자상품을 복합적으로 제공받기를 원한다는 점을 파악하고 개방형 고객 서비스 플랫폼을 이용해 40개의 타 경쟁사가 제공하는 투자 펀드 상품과 다양한 기관이 개발한 투자상품도 판매하고 있다. 이와 같은 펀드 슈퍼마켓을 제공한 후 펀드 판매율은 30% 이상 증가했다.

자산관리 수수료 전략의 수립 : 자산관리 수수료 책정은 고객 행태에 강력한 영향을 미치는 요인이며, 고객의 위탁자산 규모 증대를 위해 매우 중요한 도구다. 따라서 많은 선도업체들은 흥미

팀워크의 이점

프라이비트 은행의 자산관리 팀 구조 예시

	팀원의 역할	상품별 전문가 역할	제너럴리스트 역할
영업담당 1	팀 리더 고객 서비스 리더	주식형 투자상품 선별적 주식투자 IPO주식 직접투자	신규고객 유치 고객 서비스
영업담당 2	신규고객 유치 리더	파생상품 • 신탁 및 자산 • 절세 • 자선기금	고객관계관리자 멘토링, 채용, 통합 등의 기타 행정업무 담당
영업담당 3	투자담당 책임자	자산분배 채권 기타 투자 현금·신용대출	

자료 : 보스턴 컨설팅 그룹 자산관리 데이터베이스

로운 가격전략을 실험하고 있다. 몇몇 미국 및 유럽의 금융기관들은 고객이 선호하는 채널에 따라 수수료를 차별적으로 책정하고 있다.

이 같은 차등 수수료체계를 통해 고객기반을 세분화하고, 고객별로 창출된 가치에 따라 서비스 비용을 맞추는 것이 가능해진다. 또한 이와 같은 차등체계로 인해 고객은 원하는 거래 채널을 자유롭게 선택할 수 있다. 메릴 린치(Merrill Lynch)는 고객의 자산 집중화를 장려하기 위해 세분화된 위탁자산 규모에 따른 차등 서비스 수수료 프로그램을 출범시킨 바 있다. 고액 자산관리사업이 활성화되어 있지 않은 국내의 경우 많은 고객은 초기 성과에 따른 자산관리 수수료를 선호할 가능성이 크다.

> 지금이야말로 고액자산 보유 고객의 요구에 귀를 기울여야 할 때다.

향후 2년 간은 국내 금융기관의 소매자산관리 사업에서의 입지가 판가름 나는 기간이 될 것이다. 과거 소매금융에서의 입지가 현재 금융기관별 위상을 결정하고 있듯이, 현재 자산관리사업의 성공을 위해 기울이는 금융기관의 노력 여하에 따라 미래 이들 기관의 입지는 큰 차이를 보일 것이다. 지금이야말로 고액자산 보유 고객의 요구에 적극적으로 귀 기울이고 이들을 위한 서비스를 구축해나가야 하는 때인 것이다.

박성준(보스턴 컨설팅 그룹 매니저)

THE BOSTON CONSULTING GROUP

거래 수수료 중심 모델로부터 탈피

인터넷을 통한 증권거래가 보편화되면서 1999년 0.5%를 넘어서기도 했던 국내 증권 거래의 수수료율은 2000년에 0.34%로 떨어졌으며, 향후 2~3년 이내에는 0.2% 이하가 될 것으로 전망하고 있다. 이에 따른 증권거래 수수료의 지속적 감소가 국내 증권업계의 주요 경영압박 요인으로 대두되고 있으며, 증권사들은 이의 탈출구로서 개인 자산관리사업을 검토하고 있다.

거래수수료 중심의 매출 함정에 빠지다

초기의 메릴 린치도 많은 국내 증권사와 마찬가지로 거래수수료 중심의 매출 함정에 빠지게 되었다. 메릴 린치의 개인 고객 대상 영업의 주된 수입원은 주식거래 수수료였으며, 이는 1998년 기준 개인고객 전체 매출의 42%를 차지했다. 그러나 이 같은 수수료 수입은 주식거래 규모와 빈도수에 전적으로 의존하기 때문에 안정적이지 못했다. 또한 주문 이행과 투자자문을 분리해서 제공하는 할인 및 온라인 주식거래상품이 인기를 얻으면서 거래 건별로 수수료가 부과되는 기존 서비스 수요가 줄어들었다.

이러한 거래수수료 중심의 매출 함정으로부터 탈피하기 위해 메릴 린치는 주식거래 건별로 수수료를 부과하는 대신 고객의 위탁자산 규모에 따라 수수료를 차등 부과하는 제도를 도입했다. 고객자산 기준의 수수료제도는 크게 두 가지 이점이 있다. 첫째, 메릴 린치의 불안정한 매출을 더 안정적이고 예측 가능한 매출로 전환시켜준다. 예컨대 고객이 주식거래를 하지 않아도 메릴 린치는 수익을 올릴 수 있는 것이다. 둘째, 자산기준 수수료체계(asset-based fee)를 통해 메릴 린치의 내부 인센티브를 고객의 이익과 일치시킬 수 있다. 다시 말해 메릴 린치는 고객자산 규모에 따라 보수를 받기 때문에 고객

보스턴 컨설팅 그룹 ▶▶▶ 메릴 린치 사례

자산이 증가하면 메릴 린치의 매출도 증가하는 것이다. 이는 결국 자산관리자들이 주식 거래 횟수를 늘려 거래수수료 매출을 창출하는 대신, 고객의 자산 규모를 늘리고 보호하는 데 목표를 둠으로써 고객의 이익이 기관의 매출 증대로 이어지는 구조로 전환되는 것을 의미한다.

자산관리 중심으로 영업활동 개편

메릴 린치는 1999년 중반부터 Unlimited Advantage라는 새로운 자산기준 수수료 프로그램을 출범시켰다. 많은 홍보활동이 수반된 이 프로그램의 특징은 차등화된 수수료제도를 적극적으로 활성화해 고객들이 모든 자산 계정을 메릴 린치의 통합자산관리 계정으로 이전하도록 하는 것이었다. 고객들은 이 신상품에 매우 만족했다. 특히 자산기준 수수료체계는 많은 투자자들에게 획기적인 변화였다.

불과 석 달 만에 Unlimited Advantage 계정은 400억 달러 규모의 수탁고를 확보하는 데 성공했다. 이 중 160억 달러는 신규계정이었으며, 나머지는 기존 보유 고객이 타 기관 위탁자산을 메릴 린치로 이전해 옴으로써 추가로 발생한 것이다. 2001년 1월 기준 Unlimited Advantage의 전체 위탁자산 규모는 830억 달러로서 메릴 린치가 관리하는 1조 5,000억 달러의 전체 수탁고에서 무려 5%를 차지하게 되었다.

이러한 성공은 메릴 린치가 기존에 운영하고 있던 500만 달러 이상 자산 보유 고객 대상의 전통적 프라이비트 뱅킹 서비스, 2000년 출범한 HSBC와의 합작을 통한 신흥 자산가 대상의 자산관리 서비스에서 한 걸음 더 나아가 메릴 린치의 전반적인 영업의 축을 기존의 거래수수료 중심에서 자산관리 중심으로 변화시킬 것으로 보인다.

PWC CONSULTING

고객을 비즈니스 파트너로 바꿔라

대리점 만족시키면 고객 따라온다

지난 봄 국내 모 가전업체는 대리점과의 전통적인 관계를 일대 혁신, 불황 속에서도 판매를 엄청나게 신장시켜 업계에 신선한 충격을 주었다. 이 회사는 인터넷 시대를 맞아 최종 소비고객을 직접 공략하는 데 마케팅 역량을 쏟아온 제조업계의 최근 추세와는 반대로 나간 것이었다. 하지만 그것은 「복고경영」이 아니라 대리점 같은 전통 유통 채널을 비즈니스 파트너로 격상시킨 고객관계관리(CRM)의 진수였다.

유통업체를 동업자로 존중

대리점 중심 판매는 지난 1970년대부터 가전판매의 핵심 채널 역할을 해왔지만 최근 들어 경쟁력이 약화되는 추세였다. 대형 유통업체들이 「구매 파워」를 무기로 저가정책을 쓰는데다 쇼핑의 편의성에서도 앞서는 바람에 제조업체가 주도권을 쥐는 대리점판매체제가 급격하게 흔들렸다.

　대형유통업체에 판매주도권을 빼앗길지도 모른다는 위기감을 느낀 가전업체는 대리점과 함께 고객을 관리하는 「공동 마케팅」에 나섰다. 고객정보를 대리점 전산관리 프로그램에 입력한 뒤 상품 교체주기에 이른 고객에게 집중적으로 광고물을 보내는 식으로 시장방어작전을 폈다. 이를테면 세탁기 신제품이 나오면 세탁기를 구입한 지 7년 이상 된 고객들에게 카탈로그 등을 집중 살포했다. 전화와 방문, 각종 이벤트 행사도 이 소비계층에 초점을 맞췄다.

　결과는 기대 이상이었다. 카탈로그 우편물을 받아본 사람들 중 대리점을 찾는 이가 40%에 달했고, 이들 중 약 60%가 구매를 하는 놀라운 성과를 거두었다.

　무작위로 발송할 때 잠재고객이 점포를 방문하는 비율이 2%

미만에 그친 것과 비교할 때 그 성과는 대단한 것이다. 반면 우편물 발송건수는 10분의 1로 줄었다.

이 가전업체는 앞으로 대리점과의 공동 마케팅을 적극적으로 전개, 고객관리를 본격화하고 체계적으로 확산할 계획이다.

CRM 전략은 전통적으로 애프터서비스 차원을 넘어 고객에게 지속적인 서비스를 제공, 고객만족을 극대화한다는 최신 경영 기법이다. 일반적으로 시중에 나와 있는 각종 CRM 관련 서적을 보더라도 금융·통신·서비스 산업 등 서비스업의 사례가 대부분을 차지하고 있다.

서비스 산업은 물론 최종 고객을 기업이 직접 접촉해 서비스를 전달하고 수익을 올리는 산업이다. 이런 산업에서 CRM을 추진할 경우 최종 소비고객에 초점을 맞추는 것은 당연한 일이다. 하지만 제조업은 다르다.

고객은 대리점이나 전문점·양판점·할인점·백화점 등을 통해 회사의 제품을 만나게 된다. 따라서 이 같은 점포 중심의 채널 고객(channel customer)과 이 채널을 통해 제품을 구입하는 최종고객(end consumer)으로 나눠 생각할 수 있다.

서로가 살아남는 상생전략

제조업체의 CRM 전략은 우선적으로 1차 고객인 유통 채널 점주의 마음을 사로잡는 데서 출발한다. 판매대리점을 비롯한 유통 채널과의 관계를 통해 서로의 수익을 올리고 매출을 증대시켜야 고객만족이 가능한 것이다. 단지 제품과 서비스를 유통 채널에 전달하는 그 이상의 전략이 되어야 한다. 판매대리점주

유통업체와 상호 「윈-윈」할 수 있는 토대를 구축하지 못하면 살아남기 힘들다.

를 사업의 동반자(partner)로 삼아야 한다. 이들과 상호「윈-윈」할 수 있는 토대를 구축하지 못하면 특히 불황기에 제조업체 생존은 힘들다.

CRM보다도 한 차원 넓어진 파트너 관계 관리(PRM)라고도 말할 수 있다. 그러면 유통 채널과의 관계를 재정립한다는 것은 어떤 의미일까.

그것은 유통망이 기업의 제품을 단순 판매하는 기능에서 벗어나 자체적으로 능동적인「비즈니스센터 역할」을 하도록 하는 것이다. 이를 위해서는 우선 수익 개선을 위한 체계적 시스템을 제대로 구축해야 한다.

이 시스템은 각종 절차와 조직, IT기술 등을 망라한「제조업체와 유통 채널」간의 새 관계 정립을 의미한다. 대개는 고객의 분석 데이터로부터 주문관련 데이터, 제품 및 서비스 정보 데이

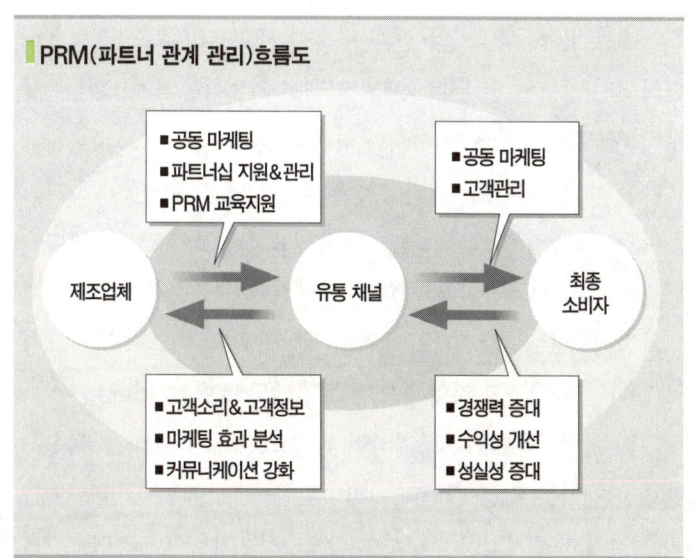

▌PRM(파트너 관계 관리)흐름도

터 등 제조기업과 유통 채널 간 상호 공유할 수 있는 모든 데이터를 구축하는 것이다.

둘째, 대리점주를 비롯한 유통 채널의 관계자들이 만족할 수 있도록 회사와 유통 채널 간에 상호 지속적인 커뮤니케이션이 이뤄져야 한다. 유통 채널이 만족해야 고객이 만족할 수 있는 상황에서 이들을 만족시키지 못하면 고객과 기업의 만남은 단절될 수밖에 없다.

셋째, 세일즈 기능도 변해야 한다. 그 동안 세일즈는 주로 제품지식, 프로세스 지식, 가격 및 판촉 지식 등에만 관심이 있었다. 그리고 이것을 벗어난 내용에 대해서는 충분한 관심을 갖지 않았다. 기껏해야 시장의 경쟁상황 파악이 고작이었다.

인터넷 중심 전략에서 탈피하라

이제는 유통 채널과의 관계 구축이 세일즈의 주요 기능으로 변화되지 않으면 안 된다. 채널 고객을 기업활동의 중요한 주체로서 내부화(internalize)시켜야 한다는 것이다.

유통 채널 관리가 제조기업의 핵심 주체로 자리매김하고 기업은 유통 채널의 비즈니스를 전폭적으로 지원해야 한다. 이렇게 되면 판매자(제조기업)와 구매자(대리점)의 구분은 사라진다.

가전업체 같은 제조기업이 유통 채널로부터 비즈니스 파트너로 받아들여지면 그 기업은 어떤 불황에도 버틸 수 있다.

이는 유통 채널과 제조기업이 손잡고 마케팅 계획을 세우고 함께 전개하는 것을 말한다. 이처럼 유통 채널과 「혼연일체」가 되는 것이 제조기업이 추구해야 할 CRM의 최우선 과제다.

인터넷이나 각종 직접 채널을 통한 최종 소비고객에 초점을 맞춘 CRM을 구현하기에 앞서 유통 채널부터 다져야 한다.

흔히 인터넷 시대를 맞아 전통 유통 채널과의 관계 혁신보다는 사이버 공간에서의 최종 소비고객 공략에 힘을 쏟는 기업들을 많이 보는데, 이런 「인터넷 맹신」에서 벗어나야 한다.

이성열(PwC 컨설팅 부사장)

PWC CONSULTING

제조-유통 동맹의 윈윈전략

미국의 대형 할인점 월마트와 소비재 상품 제조의 대명사인 P&G의 상호협력은 제조업체와 유통 채널 간 윈윈 전략의 대표적 사례다.

당시 미국의 소비재 제조업체는 대형할인점과 새 유통업체가 우후죽순처럼 생겨나고 있었으며 시장의 성장도 급속하게 전개되고 있었다. 유통업체 간 경쟁만이 아니라 제조업체 간 경쟁도 극심해져 기업의 영업이익은 감소하고 있었다. 또 다양한 신제품 출시로 인해 이들을 소비자에게 선보일 구매장 확보 경쟁도 가속화되었다.

서로의 강점을 살려 시너지 효과를 극대화

이 같은 상황에 직면하게 된 P&G와 월마트는 어떻게 하면 시장현안을 극복하고 상호 공동 목표인 소비자에게 자사의 제품을 제대로 홍보하는가에 대해 논의하게 됐다. 결론은 상호간 대립관계를 청산하고 공동의 목표를 세워 서로의 강점을 살리면 양측 모두가 전략적으로 상당한 시너지 효과가 창출돼 경쟁력이 향상될 수 있다는 데 공감했다.

먼저 이들은 월마트 매장 내 모든 제품을 새로운 체계에 맞춰 분류해 다른 매장과 차별화하는 전략을 수립했다. 이를 실행하기 위해서는 깊이 있는 데이터 분석이 필요했다. 월마트의 입장에서는 고객과 직접 만날 수 있는 위치에 있어 샴푸 판매관련 각종 정보를 보유하고 있었고, P&G는 샴푸의 방대한 시장조사 자료를 구비하고 있었다. 이들은 상호간의 정보를 공유, 이 질문에 대한 해답을 얻을 수 있었다.

월마트로서는 수백 개의 품목별 분류항목을 관리해야 하기 때문에 샴푸에 대한 전문성과 인력 면에서 한계가 많았다. 따라서 월마트는 P&G에 품목별 분류전략 수립을 이

PwC ▶▶▶ **월마트와 P&G 제휴** 사례

관시켰다. 이면에는 P&G가 월마트의 샴푸 수익과 매출 향상을 책임져준다는 신뢰가 바탕에 깔려 있었다.

양사 모두 매출 늘고 수익성 향상

반면 P&G는 자사의 브랜드 매출 신장이 아니라 월마트의 샴푸 전체 매출과 수익을 극대화하는 전략에 초점을 맞추어 전략과 전술을 세웠다. P&G의 영업사원은 월마트의 수익성 향상을 위한 컨설턴트로서 월마트와 협업했던 것이다.

이에 대한 효과는 매우 컸다. 월마트 샴푸의 매출이 늘어났고, P&G의 매출 또한 신장되었다. 이들은 소비자에 대한 이해가 심화되었을 뿐만 아니라 특히 P&G는 이렇게 얻게 된 정보를 신상품 개발전략에 적극 활용했고, 물류 및 재고관리 시스템에 연동하여 많은 비용절감 효과도 함께 보았다.

이 전략은 제조업체가 유통업체에 비즈니스 가치를 제안하고 상호간에 윈윈하는 전략이라 할 수 있다.

마케팅과 세일즈를 위한 가치제안

물건만 좋으면 되는 시대는 갔다

세계적으로 인정받는 상품을 만들거나 최상의 서비스를 제공하고 있는 기업들은 R&D에 많은 시간과 노력·비용 등을 투자한다는 공통점이 있다. 자동차의 경우 메르세데스 벤츠가 이에 해당한다. 대량생산이 핵심 성공요인인 국제시장에서 벤츠는 세계에서 가장 잘 만든 자동차로 인정받고 있다. 이 같은 명성 덕분에 벤츠 자동차는 프리미엄(premium)이 붙어 비슷한 종류의 다른 차들보다 비싼데도 불구하고 아주 잘 팔린다.

상품 리더십 전략은 여러 가지 경제적인 장벽을 극복하기 위해 기업들이 취할 수 있는 경영전략 중 하나다. 상품 리더십 전략이란 최고의 상품 및 서비스 제공이라는 목표를 달성하기 위해 기업의 이용 가능한 모든 자원을 결집하는 전략이다. 최고의 상품과 서비스를 제공하는 것은 모든 기업의 목표라고 할 수 있기 때문에, 실제로 상품 리더십 전략을 공식적으로 표방하고 있는 기업은 많다. 그러나 이 전략을 제대로 구사해 그 효과를 가시적으로 나타내고 있는 기업은 많지 않다.

상품 리더십 전략─상품을 개발하라

특송회사인 페더럴 익스프레스는 빠르고 정확하게 배달한다는 인식을 소비자에게 심어줌으로써 다른 특송업체들보다 많게는 50% 이상 높은 운송료를 받고 있다. 보스(Bose)는 앰프나 다른 전자제품에 대해서는 소비자들에게 인지도가 낮은 반면, 스피커는 세계적으로 유명하다. 스피커에 집중적으로 R&D 투자비를 쏟아 부은 결과 세계적인 스피커 제조업체로 인정받았기 때문이다. 보스의 스피커는 다른 경쟁사 제품보다 비싸게 판매됨에도 불구하고 매출이 꾸준한 증가세를 보이고 있다.

세계적인 명품으로 손꼽히는 스타인웨이(Steinway) 피아노도 그렇다. 스타인웨이는 다른 피아노와 가격차가 무려 열 배

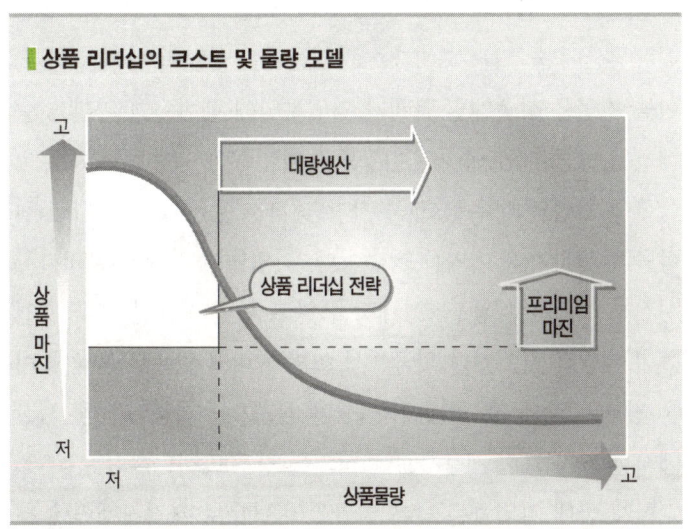

가까이 나는데도 불구하고 탁월한 음질에 끌린 음악 팬들 사이에서 높은 인기를 누리고 있으며 유명한 피아니스트들의 사랑을 받고 있다.

세계적인 리더 상품을 판매하는 기업들에게 비용은 기업을 움직이는 주요한 동인(driving factor)이 아니다. 이들 기업에게 중요한 것은 효과적인 R&D 투자전략과 브랜드 이미지 강화 등의 마케팅 전략을 수립해 실행하는 것이다. 따라서 이들 기업은 인건비 상승 역시 크게 문제삼지 않는다. 이런 사실은 임금 상승이 기업 전체의 실적에 커다란 영향을 미치는 대부분의 국내 기업에 시사하는 바가 크다. 사실 한국 기업 중에서 세계시장을 대상으로 상품 리더십 전략을 채택한 기업은 전무하다고 말할 수 있다.

상품 리더십 전략을 구사하는 기업들을 보면 외형적인 성장에는 관심을 두지 않으며 기업운영에 혁신적이고 때로는 개발 과정에서의 위험도 기꺼이 감수한다. 이들 기업의 운영 모델은 대량생산에 승부를 거는 다른 기업들과는 상당히 차이가 난다. 이들 기업은 상품개발 부서가 기업운영에 핵심적인 역할을 수행하는 만큼 기업 내에서 위상도 높다.

한국 기업의 경우 R&D 투자가 낮기 때문에 상품 리더십 전략을 실행하기가 어려운 형편이다. 기업들이 자체 개발이라고 선전하고 있는 제품도 그 내막을 알고 보면 제휴한 외국 기업들이 개발한 것이거나 외국에서 이미 팔리고 있는 제품을 들여온 경우가 많다. 또 국내에서 큰 인기를 끄는 제품이 외국 시장에서는 그저 그런 제품으로 인식되는 경우도 허다하다.

현재 국내 기업들은 낮은 임금을 바탕으로 가격경쟁력에 초

세계적인 리더 상품을 판매하는 기업들에게 비용은 기업을 움직이는 주요한 동인이 아니다.

점을 맞추었던 과거의 관행을 벗고 「질 좋고 우수한 제품」이라는 이미지를 구축하기 위해 노력하고 있다. 그러나 이미 「한국 제품은 싸다」는 해외 소비자의 인식을 바꿔놓기는 쉽지 않다.

한 연구기관의 조사에 따르면 소비자의 인식을 변화시키는 데는 최소한 5~7년이 걸리는 것으로 나타났다. 세계 소비자들의 마음을 바꿔놓고 국산품이 세계적인 고급품으로 인정받기까지, 한국 기업이 갈 길이 그만큼 멀다고 하겠다.

코스트 리더십 전략─박리다매식 경영방법

상품 리더십 전략 이외에 기업에서 가장 보편적으로 채택하고 있는 전략 중 하나가 바로 코스트 리더십(cost leadership) 전략이다. 코스트 리더십 전략이란, 간단하게 말해 비용절감에 초점을 맞춤으로써 낮은 가격으로 승부한다는 전사적 전략이다.

코스트 리더십 전략을 쉽게 설명하자면 우리가 흔히 말하는 박리다매식 경영방법이라고 할 수 있다. 한 마디로 싸게, 많이 팔아 매출을 늘림으로써 이윤의 극대화를 꾀하는 전략이다. 코스트 리더십 전략을 구사하는 기업의 제품이 팔리는 이유는 간단하다. 최상의 품질은 아니지만 값이 싸면서도 상품이 쓸 만하기 때문이다.

소비자가 어떤 물건을 구입하는 데는 여러 가지 이유가 있겠지만, 가격은 구매를 유발하는 최고의 요인 중 하나로 작용하고 있다. 이 때문에 코스트 리더십 전략이 효과를 발휘할 수 있는 것이다. 코스트 리더십 전략은 부가가치가 낮은 제품에만 적용될 수 있다는 일반적인 통념과 달리 부가가치가 높은 제품의 경우에도 효과를 발휘한다.

예를 들어 높은 기술 수준을 요하는 첨단 하이테크 제품의 경우 처음 출시될 때는 높은 연구비와 개발비 등 여러 가지 이유로 인해 가격이 높게 책정된다. 하지만 기술개발이 지속적으로 이뤄지고 제품의 보급률이 증가함에 따라 판매량이 줄어들면서 가격도 낮아지게 된다. 이러한 과정에서 코스트 리더십 전략을 선택해 낮은 가격을 경쟁우위로 삼아 대량생산체제에 돌입하는 기업이 있는가 하면, 어떤 기업들은 상품 리더십 전략을 채택해 재빨리 기존의 생산 라인을 멈추고 가격이 비싼 최신 모델을 생산하는 새로운 라인을 구축한다.

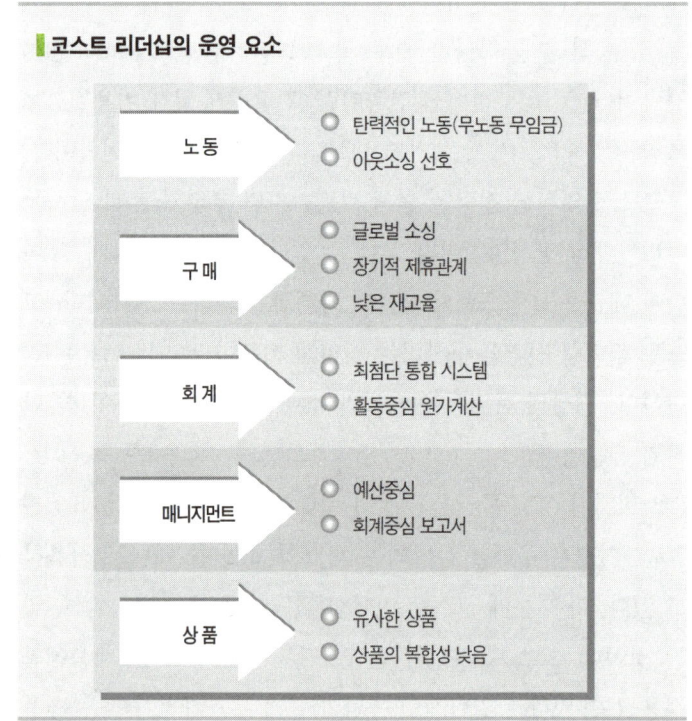

> 코스트 리더십 전략이 성공하려면 대폭적인 생산성 증대가 필수적이다.

컴퓨터 유통업계의 강자인 델 컴퓨터는 가장 낮은 가격에 컴퓨터를 조립·유통시키는 기업으로 널리 알려져 있다. 물론 델 컴퓨터의 R&D 능력이나 제조기술은 IBM이나 애플보다 낮은 수준이라고 할 수 있다. 그럼에도 불구하고 델 컴퓨터가 매출액과 순이익 면에서 업계 선두 그룹을 형성하며 경쟁할 수 있는 성공 요인은 코스트 리더십 전략을 적절하게 구사했기 때문이다. 코스트 리더십 덕분에 델 컴퓨터의 주식은 1990년대 초 이후 무려 1만 5,000%나 폭등했으며 월스트리트에서 초우량주 대접을 받고 있다.

그렇다면 델 컴퓨터가 이렇게 어마어마한 성공을 거둔 반면, 델 컴퓨터와 마찬가지로 저가정책으로 승부수를 띄운 국내 기업이 요즘 들어 맥을 못 추는 이유는 무엇일까? 코스트 리더십 전략을 효과적으로 구사하기 위해서는 적어도 한 개 이상의 부문에서 가격경쟁 우위를 확보해야 하기 때문이다.

오랫동안 저렴한 인건비의 혜택을 누려온 한국 기업들은 다른 부분에서의 코스트 절감 노력은 게을리해온 게 사실이다. 영원히 지속될 것 같았던 저임금 시대는 1980년 이후 급격히 변화하기 시작했다. 근로자의 발언권 강화로 임금 인상이 대세가 되면서 국내 기업을 지탱해온 저임금 기반이 흔들리기 시작한 것이다. 아무런 준비도 못했던 기업들은 속수무책이었으며, 일이 터지고 나자 부랴부랴 다른 부분의 비용절감을 통한 경쟁우위 확보에 나섰다.

코스트 리더십 전략이 성공하려면 대폭적인 생산성 증대가 필수적이다. 한국은 전반적으로 「근면」을 강조하는 분위기인데도 불구하고 국내 기업의 생산성이 미국 기업의 50~60% 수준에 불과한 것은 무엇 때문일까. 결국 일만 열심히 한다고 해서 생산성이 증대되는 것은 아니란 얘기다.

국내 기업도 델 컴퓨터와 같이 코스트 리더십 전략을 성공적으로 구사하려면, 여러 면에서 경쟁우위를 확보하고 생산성을 증대시키기 위한 노력을 병행해야 할 것이다.

고객밀착전략—고객을 내 친구로

고객밀착전략이란 핵심고객들과 긴밀한 관계를 유지함으로써 오래도록 거래할 수 있는 장기적인 고객을 확보하는 동시에 고객에 대한 거래비용도 절감하는 전략이다.

고객밀착전략을 구사하는 기업의 특징은 고객과의 관계 (relationship)에 초점을 맞춘다는 점이다. 이해를 쉽게 하기 위해 기업보다 훨씬 규모는 작지만 고객밀착전략을 가장 적절히 사용한다고 할 수 있는 주치의를 예로 들어보자.

한국에서는 아직 주치의 개념이 낯설게 여겨지지만 미국과 같은 선진국의 경우에는 가족주치의제도가 보편화되어 있다. 한 가족의 주치의가 되면 대부분의 경우 그 주치의는 수십 년에 걸쳐 그 가족 구성원 모두를 환자로 확보할 수 있다. 주치의를 둔 가정은 주치의가 진료비를 좀 높이더라도 굳이 다른 의사를 찾지는 않는다. 주치의가 더 편하기 때문이다. 편하다는 것은 무엇일까. 나나 내 가족의 건강에 대해 잘 알고 있기 때문에 일일이 설명하지 않아도 된다는 뜻이다. 서로 잘 알기 때문에 결과적으로 진료 시간도 적게 들고 적절한 처방을 받을 가능성도 더 높아진다.

> 고객밀착전략을 구사하는 기업의 특징은 고객과의 관계 (relationship)에 초점을 맞춘다는 점이다.

고객밀착을 중시하는 기업들이 경쟁우위를 유지할 수 있는 이유는 상품이나 서비스의 질이 좋다거나 가격이 저렴하기 때문은 결코 아니다. 앞에서 말한 것처럼 고객을 잘 알고 있기 때문에 빠른 시간 내에 고객이 원하는 상품이나 서비스를 제공할 수 있기 때문이다.

이제는 기업 차원으로 한번 들어가보자. 최초로 컴퓨터를 만들어 판매한 IBM이 아직까지도 컴퓨터 업계의 선두자리를 유지하고 있는 이유는 무엇일까? 바로 고객밀착을 통한 경쟁우위 때문이라고 할 수 있다. 컴퓨터라고는 IBM밖에 없었던 과거와는 달리 최근에는 너무나 다양한 메이커의 컴퓨터가 판매되고 있어 오히려 선택이 어려울 정도다. 그럼에도 불구하고 상당수의 컴퓨터 사용자가 계속해서 IBM 제품을 사용하고 있

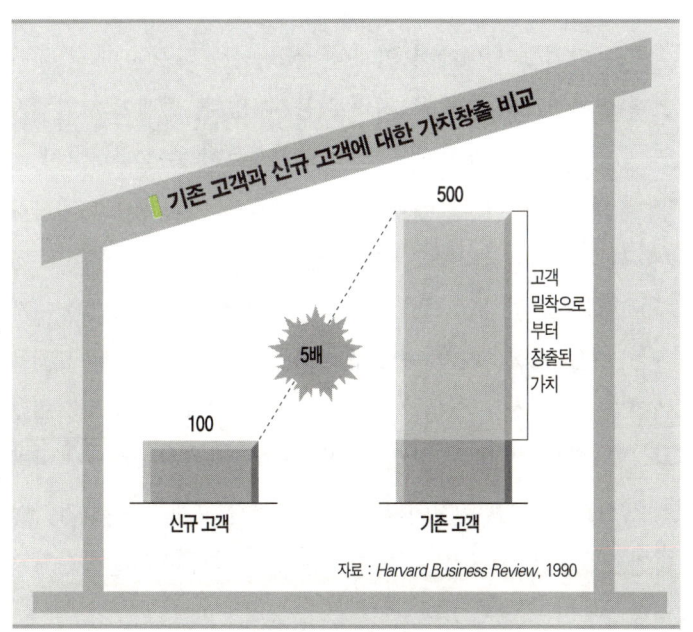

기존 고객과 신규 고객에 대한 가치창출 비교

자료 : Harvard Business Review, 1990

> 최근 기업들 사이에서 인기를 끌고 있는 타깃 마케팅 역시 고객 밀착전략 형태 중 하나로 볼 수 있다.

다. IBM에 익숙해진 사용자들이 새로운 제품으로 옮겨가기를 꺼려하기 때문이다. 다른 플랫폼(platform)으로 완전히 바꾸는 것보다는 업그레이드하는 편이 소비자들로서는 경제적이라는 비용 측면도 간과할 수 없다.

마이크로소프트가 교육현장에서의 정보화 촉진을 위해 자사 브랜드의 소프트웨어를 기증했다는 뉴스 보도를 접한 적이 있을 것이다. 이런 행위는 기업 이윤을 사회에 환원한다는 측면에서 이해되고 또 칭찬받을 만한 일이다. 그러나 다시 한번 곰곰이 생각해보면 이런 기부 행위에서조차 기업인으로서 빌 게이츠의 마케팅 재능이 빛나고 있음을 발견할 수 있다. 교육현장에 소프트웨어를 기증해 어릴 때부터 마이크로소프트 제품에 익숙하게 만들어 장기적인 고객으로 확보하겠다는 전략이 숨어 있는 것이다.

최근 기업들 사이에서 인기를 끌고 있는 타깃 마케팅 역시 고객 밀착전략의 형태 중 하나로 볼 수 있다. 경쟁이 치열해지면서 유사한 기능과 비슷한 가격대의 제품이 쏟아져 나오자 어떻게 해서든 소비자들에게 자사의 제품을 인식시키고 계속해서 구매 의욕을 불러일으키기 위해 기업들은 안간힘을 쓰고 있다. 고객들을 하나의 집단으로 보는 매스(mass) 마케팅은 이제 큰 효력을 발휘하기가 어렵게 됐다. 따라서 기업들은 고객을 연령과 성별, 소득 수준, 가족 수, 직업 등 여러 가지 특성별로 분류해 각각의 그룹에 맞는 마케팅 전략을 수립하는 타깃 마케팅을 도입하고 있는 것이다. 이 개념 역시 고객에게 더 가까이 다가가 그들의 욕구를 파악한다는 의미에서 고객밀착전략과 일맥상통하는 면이 있다.

국내 기업의 경우 고객밀착전략이 개인적인 인맥에 치우친 형태로 나타나는 게 대부분이다. 물론 인맥을 활용하는 것은 효과적인 고객밀착 방법이다. 그러나 혈연이나 학연·지연 등의 연줄(connection)에 의존하는 것을 진정한 의미에서의 고객밀착전략이라고 볼 수는 없다. 고객들이 진실로 원하는 요구사항을 파악해 그들이 원하는 상품과 서비스를 경쟁업체보다 신속하게 제공함으로써 계속 자사 제품을 찾게 만드는 것이야말로 가장 바람직하고 또 진정한 의미에서의 고객밀착전략이다.

이성용(베인 & 컴퍼니 부사장)

System Innovation

제4장

빛보다 빠른 세상, 먼저 변하지 않으면 도태된다

accenture

ANDERSEN

ATKEARNEY

BAIN & COMPANY

THE BOSTON CONSULTING GROUP

Deloitte Consulting

PWC CONSULTING
A business of PricewaterhouseCoopers

Towers Perrin

WILLIAM M. MERCER

코포레이트 벤처링

회사를 쪼개
사내우량 벤처로 키워라

사내 벤처 같은 기업 벤처링(corporate venturing)을 잘 해서 마침내 회사의 원형질을 바꾼 신화적인 예로 우리는 흔히 핀란드의 노키아를 든다.

이 회사는 지금 세계 최고의 무선통신기술업체로 꼽히지만 1865년 출범 당시엔 산에서 벌목을 해서 종이를 만드는 제지회사였다. 노키아가 제지회사에서 무선통신기술회사로 탈바꿈하는 과정에서 사내 벤처를 적극적으로 활용한 것이 주효했다.

어떤 기업이든 갈수록 치열한 경쟁에서 살아남기 위해선 원가 절감이나 생산성 향상은 물론 사업다각화, 즉 새 제품을 만들어 내고 새 시장을 개척해야 한다는 것쯤은 상식적으로 알고 있다. 대부분의 기업들은 전통적으로 기존 사업 토대 위에 부문별 경영혁신 프로그램 등으로 변신을 꾀하지만 결과는 제한적일 수밖에 없다. 그렇다고 해서 전사적인 인력과 자금을 걸고 함부로 새 영역에 도전하는 것도 무모하다. 이런 상황에서 사내 벤처를 비롯한 기업 벤처링이 해법으로 등장한 것이다.

기업 벤처링, 위기시대의 돌파해법

오늘날 성공적인 변신을 했거나 위기를 잘 극복했다는 평가를 받는 세계 일류기업들은 대부분 이 작업을 잘 한 케이스로 보면 된다.

기업 벤처링은 무엇인가. 기업이 내부의 인력과 자산을 바탕으로 새 사업을 전개하는 것을 말한다. 이를 통해 성장이 한계에 달한 분야는 버리고 새 분야를 키우는 것이다. 이는 기업혁신의 기폭제 역할을 하게 되고 주주가치도 크게 높일 수 있다.

이런 기업 벤처링을 전략적이면서 장기적으로 도모해나가면 굴뚝기업도 벤처기업 같은 성장을 이룰 수 있고 노키아처럼 마침내 회사의 근본까지 완전히 새롭게 바꿀 수 있다. 기업 벤처링은 기존 분야의 반발과 상실감을 최소화하면서 새 유망 분야로 기업역량을 집결시키는 탁월한 수단이다. 기업 벤처링은 기존 기업의 상황이나 신규투자 환경 등에 따라 다양한 형태로 나타난다.

기업 내부에 창업지원센터를 설립하거나, 투자를 전담하는 독립 벤처그룹을 만들거나, 내부의 특정 부문을 분리독립(spin-out)하거나, 신규사업부를 설립하거나, 다른 회사와 합작형태(joint venture)로 새로운 사업

을 하는 등 다양하다.

 글로벌 경쟁이 확산되면서 기업 벤처링 추세는 최근 몇 년 사이 속도를 더하고 있다. 벤처 투자를 한 기업의 수와 투자금액이 21세기의 전환점에서 급격하게 늘어났다. 미국의 경우 과거 10년 간의 벤처 투자금액 중 91%에 해당하는 액수의 투자가 최근 5년 내에 이뤄졌으며 2000년의 경우 약 195억 달러였다. 이 중 96억 달러는 상위 50개 회사에서 투자된 금액이다.

 2001년도의 추정 투자금액은 87억 달러 정도로 비록 온라인 중심의 닷컴회사에 대한 회의와 더불어 급격하게 냉각, 위축됐으나 여전히 1998년 규모의 세 배에 해당하는 정도로 기업 벤처링은 현재도 활발하게 진행되고 있는 것이다.

> 기업 벤처링은 새 유망분야로 기업역량을 집결시키는 탁월한 수단이다.

기업 벤처링은 우선 분명한 전략목표를 세워야 성공한다. 어떤 전략목표를 세우느냐에 따라 전개방법과 평가방법에서 차이가 나기 때문이다.

미국의 JP모건은 랩모건(Labmorgan)이란 벤처를 설립해 전자상거래상의 금융 서비스에 대한 새로운 사업 아이디어를 발굴하고 신속하게 사업화해 금융 서비스의 미래상을 점검하는 기회로 삼고 있다.

영국의 버진 그룹(Virgin Group)은 버진이라는 브랜드에 근거한 여러 벤처 사업(와인, 신부, 콜라, 레코드, 항공)을 출발해 새 사업의 영역을 확장했는데, 이 중 몇몇 사업의 수익성이 높아지는 등 성공을 거두고 있다.

기업 벤처링 성공법

액센츄어는 최근 기업 벤처링 방법론을 개발했다. 액센츄어가 제시하는 성공원칙을 보자.

첫째, 투자위험을 줄이기 위해 짧은 시간에 비교적 작은 규모의 투자를 하라.

둘째, 엄격한 벤처를 출범시키는 즉시 재무통제를 병행하고 고정비를 최소화하며, 현금소진율(burn rate)을 신중하게 관리하라.

셋째, 신설 벤처의 주주 등 모든 이해관계자들이 만족하는 벤처 리더십(경영주체)을 빨리 확립하라.

넷째, 새 사업에 적합한 경험과 우수한 자질을 갖춘 인력들로 벤처 팀을 구성하고 주기적으로 성과를 점검하라.

사내 벤처가 실패하는 이유

첫째, 모기업, 벤처링 그룹(투자기관), 그리고 벤처 회사 사이에 주로 전략적인 목적과 경영주도권에 대한 갈등이 야기될 수 있다. 예를 들면 모기업은 벤처링을 통해 기존 사업에서의 원가 절감을 기대하는 반면, 벤처링 그룹은 목표 투자수익률에 집착한다.

한편 신생 벤처 회사는 목표 매출과 신장률로써 성과를 평가받아야 하므로 모기업에 제공하는 서비스나 제품 가격을 높이는 유혹에 빠져 마침내 모기업의 원가를 높여놓는 결과를 초래하기도 한다.

둘째, 사업수행에 필요한 경험과 노하우를 갖춘 인력을 선발하지 않고 내부인력에 주로 의존해서 벤처를 출범시키는 경우가 많은데, 이는 실패의 지름길이다. 〈포천〉지 선정 200대 기업 35

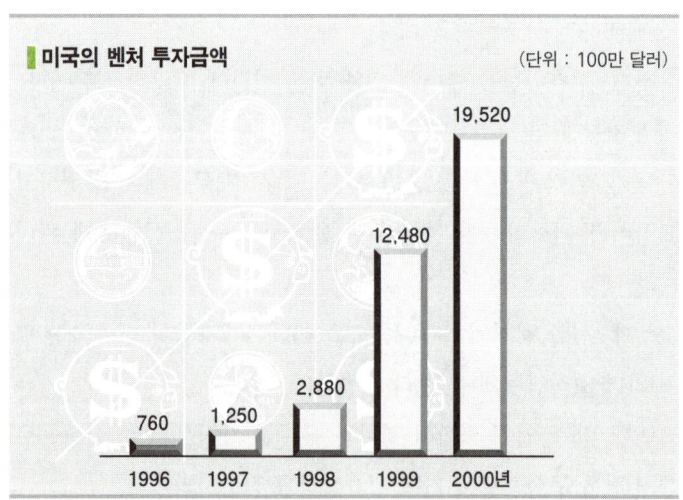

■ 미국의 벤처 투자금액 (단위 : 100만 달러)

1996	1997	1998	1999	2000년
760	1,250	2,880	12,480	19,520

개사가 투자한 68개 벤처사를 대상으로 실시한 조사에서 이 같은 이유로 40% 정도가 적자를 보고 있는 것으로 나타났다.

셋째, 벤처를 벤처답게 하지 않고 마치 기존회사의 사업부처럼 운용하는 것도 실패 요인이다. 이를테면 내부 프로젝트처럼 장기적인 관점에서 사업계획을 수립하고, 이에 근거한 충분한 자금을 확보한 뒤 정해진 수순에 따라 사업을 진행해서는 벤처의 특징을 살릴 수 없다.

벤처 고유의 모험가적인 경영과 신속한 의사결정, 발빠른 방향전환이 실종되어 성과를 보기도 전에 자금고갈로 결국 도산하는 경우가 많다.

서병도(액센츄어 상무)

제지기업에서 IT기업으로 완전 탈바꿈

핀란드의 간판기업인 노키아는 사내 벤처들이 모여 있는 회사로 유명하다. 모든 사업영역을 잘게 쪼개 각 영역마다 독립채산제로 움직이고 있다.

원래 노키아는 제지회사였다. 그러다가 1980년 말까지 제지를 비롯해 타이어, 소비자가전, 전선 등 여러 업종을 꾸려가는 문어발식 경영을 했다. 주로 M&A를 통해 무분별하게 기업을 확장하던 노키아는 급기야 사장이 자살할 만큼 어려움에 처했다.

이후 새 사장에 오른 요르마 올릴라는 과감하게 사업을 정리, 구조조정을 단행했다. 그가 주력으로 삼았던 분야가 바로 사내 벤처의 개념이다. 그는 회사의 각 부문을 「프로그램 매니저」들이 주도하는 팀제로 바꿨다.

프로그램 매니저 도입의 성공

프로그램 매니저들은 사실상 임원급의 권한과 책임을 부여받으며 이들 밑에는 기술·마케팅·구매·생산 등을 담당하는 사람들이 배치된다. 프로그램 매니저들이 자원배분과 예산 등을 독립적으로 운용하면서 1~2년에 걸쳐 자기 사업으로 벤처를 키운다. 이들은 거의 20대와 30대로 이뤄지며, 성공하면 그 사업부문은 키워지고 실패하면 과감하게 없애버린다.

대기업이지만 이 같은 방식으로 신속하고 탄력적으로 운용하는 게 노키아의 자랑이다. 이를 통해 휴대폰을 세계 최고의 상품으로 만들었다.

노키아는 특히 3~4년 전부터 후원하는 대학과 연구소, 협력업체들을 거미줄처럼 네트워크화해 총괄 조정하면서 회사가 필요로 하는 핵심기술만을 취사선택해 활용하는 시스템을 구축했다.

액센츄어 ▶▶▶ 노키아 사례

대학 · 연구소의 네트워크 강화

유럽 최북단의 실리콘밸리인 핀란드의 오울루테크노폴리스가 대표적인 성공 케이스. 첨단기술중심의 오울루 대학과 노키아의 휴대전화 제조공장 덕분에 연평균 9%의 초고속 성장을 보이고 있다. 오울루 대학은 캠퍼스 내 기술단지를 조성해 130개 기업을 유치하고 주식상장을 지원한다.

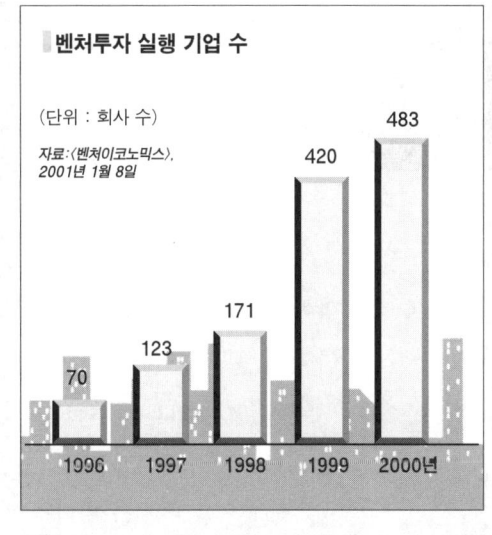

또 노키아는 연구개발센터가 있는 핀란드 헬싱키 이외 지역에도 특정 항목을 연구하는 소규모단지를 만들어 대학 및 연구인력끼리 경쟁을 유도해가고 있다. 이 같은 단지를 미국 샌디에이고, 도쿄, 코펜하겐 등 외국에도 설치해 핵심사업에 역량을 집중하고 나머지는 아웃소싱을 하고 있다.

이런 전략으로 노키아는 경쟁업체인 스웨덴의 에릭슨이 순이익감소로 어려움을 겪던 2000년 3/4분기에 전년동기 대비 40% 증가한 8억 9,000만 유로(약 1조 400억 원)의 순이익을 올렸다. 매출도 75억 7,000만 유로(약 8조 8,290억 원)로 50% 증가했다.

전략경영 시나리오

성과 따른 차등보상이 전략경영의 출발점

「감나무 밑에 누워 홍시가 입에 들어갈 때를 기다린다」는 옛말이 있다. 그런데 맛있는 홍시를 필요한 때 따먹으려면 이래선 안 된다.

「홍시를 따겠다」는 목표를 세우고 이를 실행(장대를 구해 감을 따는 것)해야만 한다.

목표(맛있는 홍시를 딴다), 적합한 경영전략(장대를 마련하는 것), 실행(장대로 홍시를 따는 것) 세 가지가 삼박자를 이뤄야 한다. 그래야 남들보다 더 맛있고 더 많은 홍시를 더 적은 노력으로 먹을 수 있다.

「전략 따로 경영 따로」 구태에서 벗어나라

「홍시 따기」와 마찬가지로 기업은 새로운 비전을 달성하기 위해선 실천적 방안을 만들어 실행해야 한다. 어느 기업이 양적 경영(매출액 중시)에서 질적 경영(수익성 중시)으로 방침을 바꿨다면 그 기업은 경영전략을 바꾼 것이다.

아무리 좋은 경영전략을 세워도 이를 실제 경영활동에 옮기지 못하면 아무 소용이 없다.

앤더슨 조사를 보면 선진국 기업들도 많은 돈과 인력을 투입해 만든 경영전략 중 10% 정도만 제대로 실행하고 있다고 한다.

특히 공장 생산 라인이나 영업 일선의 직원들은 자신이 몸담고 있는 기업의 전략이 무엇인지 잘 모르고 있고, 경영자들도 세워놓은 전략의 구체적인 실천에 대해 논의하는 데 한 달에 겨우 한 시간 미만의 시간을 사용하고 있다고 한다. 그저 그날 그날의 경영 점검에 그치는 경영진이 대부분이라는 얘기다.

물론 일일 경영현황도 제대로 챙기지 못하는 경영진도 많지만 적어도 업계 선두 그룹이나 세계적인 기업으로 도약하려면 단기적인 현장주의 경영만으론 한계가 있다.

전략경영 없이 기업미래 없다

이런 「전략 따로 실제 경영활동 따로」라는 병폐를 치료하기 위해 「일단 세워진 경영전략이 일선 기업활동에 제대로 반영될 수 있도록 하는 시스템」이 개발됐다. 이것이 전략경영(strategic enterprise management : SEM)이다.

이는 최근 한국기업들이 도입을 서두르고 있는 전사적 자원관리(ERP) 시스템에서 한 걸음 더 나아가 CEO 및 부서 책임자들이 경영전략을 더욱 효과적으로 세워서 실천에 옮길 수 있도록 하는 경영도구인 셈이다.

세계 일류나 업계 일류를 얘기하면서 전략경영을 하지 않는다면 그 기업의 미래는 보장되지 않을 것이다. 자동차로 치면 핸들을 포함한 운전석의 조종장치는 경영전략, 엔진과 네 바퀴는 경영활동이라고 할 수 있다. 핸들과 바퀴를 연결해주는 트랜스미션과 운전석의 계기판(대시보드)들은 경영관리제도라고 볼 수 있다.

자동차는 운전자의 의도가 조종장치를 통해 엔진과 바퀴에 정확하고 즉각적으로 전달돼야 한다. SEM은 경영전략을 경영활동에 연계시키는 변환(strategy transformation) 장치로서 최상위 경영관리활동이라고 할 수 있다.

SEM이라는 개념이 정립돼 사용되기 이전에는 기업의 경영성과를 종합적으로 체크하는 기능이 관리회계밖에 없었다. 그러나 SEM이라는 개념이 정립되면서 관리회계가 담당하던 기능이 SEM으로 이전, 관리회계는 순수하게 「재무성과」만을 대상으로 한 관리도구로 변했다.

독일의 경영 소프트웨어 회사인 SAP가 2000년 중반 처음으로 SEM 패키지를 출시했으므로 외국기업들도 SEM을 제대로 운영하고 있는 곳은 아직 많지 않은 실정이다. 세계적인 모범사례로는 코카콜라를 들 수 있다.

한국기업은 아직 왕초보

대부분의 한국기업들은 그야말로 「왕초보」들이다. 외환위기 이후 전략경영의 중요성을 인식한 기업들이 많아졌다. 하지만 비싼 돈을 주고 외부용역까지 해서 마련한 경영전략을 제대로

「작심삼일」식 구호에 그치는 단기적 현장 경영만으로는 글로벌 기업은 불가능하다.

실천에 옮기는 사례는 드물다.「선진국 기업들이 한다고 하니 우리도 하자」는 겉치레식이거나「작심삼일」식 구호로 그치는 경우가 비일비재하다.

국내기업 중에는 포항제철이 가장 앞서 있다. 포항제철은 전사적인 프로세스 혁신과 ERP시스템 구축 프로젝트의 일환으로 전략경영 시스템을 만들었다.

그룹 기업 중에서도 경영전략 구현을 위해 경영 일선의 부문별 성과를 따로 관리하는 초기단계의 SEM을 구축한 경우가 늘고 있다.

그러나 전략경영 프로세스가 명쾌히 정립되고 임직원들이 SEM에 공감대를 형성한 진정한 SEM의 구축·운영과는 아직 거리가 있는 것으로 평가된다.

우리 기업들이 초보적일 수밖에 없는 이유는 한둘이 아니지만 가장 초보적인 성과급제도부터 일반화되지 않은 단계에서 더 높은 단계를 얘기하는 것은「난센스」다.

관리회계 시스템이 SEM의 출발점인데 이것마저 안 돼 있는 회사가 적지 않은 게 한국적 현실이다. SEM을 구축하기 이전에 마케팅·판매·생산·물류 등 경영 부문별로 확실히 분리해 성과를

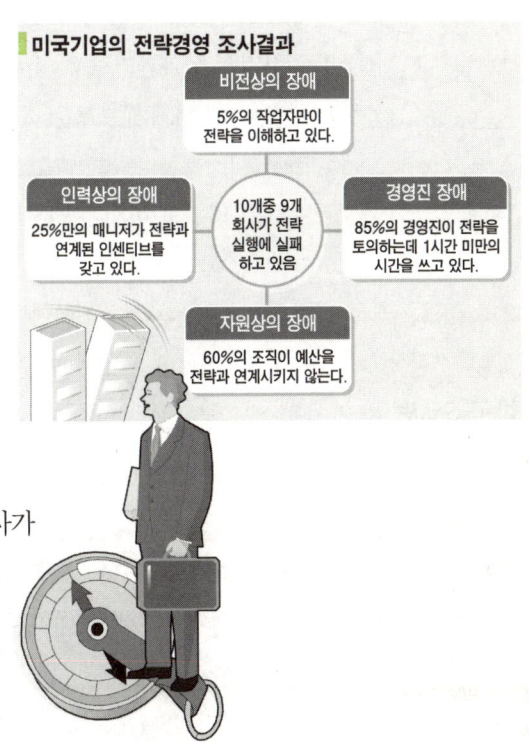

미국기업의 전략경영 조사결과

비전상의 장애
5%의 작업자만이 전략을 이해하고 있다.

인력상의 장애
25%만의 매니저가 전략과 연계된 인센티브를 갖고 있다.

10개중 9개 회사가 전략 실행에 실패하고 있음

경영진 장애
85%의 경영진이 전략을 토의하는데 1시간 미만의 시간을 쓰고 있다.

자원상의 장애
60%의 조직이 예산을 전략과 연계시키지 않는다.

철저하게 따지고, 향상시키기 위한 개선활동을 하고, 성과에 따른 차등보상제도가 정착돼 있는지를 살펴봐야 한다.

국내 대부분의 기업들은 성과중심 경영이 아직 초보단계다. 객관적인 성과평가에 입각한 차등보상에 대한 충분한 공감대가 형성되어 있지 않다. 성과에 울고 성과에 웃는 기업문화가 성숙되지 않았다면 SEM을 말하기 전에 이런 것부터 제대로 실행해야 한다.

전략경영 구축의 성공요건

SEM 체계를 성공적으로 구축하기 위해서는, 첫째 전략적이고 종합적인 성과관리 툴(tool)부터 마련되어야 한다.

둘째, 관리체계를 종합적으로 갖춰야 한다. 단순히 전산화된 정보 시스템을 구축한다고 그 효과를 볼 수 있는 것은 아니고 SEM의 비전과 미션을 비롯해, SEM 제도와 프로세스의 재설계, SEM 정보 시스템의 구축은 물론 기업문화 재편까지 모두 대상 과제로 삼아 구축돼야 한다.

셋째, 강력한 성과 연동보상제도가 도입, 운영돼야 한다. SEM에 의한 경영성과 향상은 이에 연동된 강력한 보상제도가 있어야 그 효과가 극대화되므로 보상제도 도입이 SEM 성공을 위한 핵심요인이다.

넷째, SEM을 위한 인프라로 관리회계가 잘 구축되어야 한다. SEM이 제대로 효과를 내기 위해서는 재무성과부터 제대로 관리되어야 하기 때문이다.

무엇보다 SEM은 어느 한 부서의 업무수행을 위한 게 아니라

무엇보다 SEM은 어느 한 부서의 업무수행을 위한 게 아니라 모든 경영진과 현장관리자를 대상으로 한 광범위한 관리도구라는 인식이 심어져야 한다.

모든 경영진과 현장관리자를 대상으로 한 광범위한 관리도구라는 인식이 심어져야 한다.

김양환(앤더슨 상무)

SEM도입 … 시장기대수준 극대화

전략경영 프로세스를 더 쉽게 이해하기 위해 콤텔스타라는 가상의 회사를 만들어 각 부문별 기능과 역할 등을 알아보기로 한다. 콤텔스타는 통신기기 제조의 국제적인 가상 회사다.

이 회사는 휴대전화기기 사업부 및 비즈니스 솔루션 사업부 등 여러 개의 사업부로 구성돼 있다. 현재 콤텔스타의 주가는 지난 6개월 간 경영 성과 이상으로 높게 형성돼 있다. 콤텔스타 주가의 지속적인 성공은 경영진으로 하여금 시장의 기대수준을 만족시켜야 한다는 새 도전에 직면하게 만들고 있다. 이들은 이를 위해 전략경영 시스템을 도입하게 됐다.

- **1단계** = IR 책임자는 우선 투자자들이 5년 동안 얼마만큼 경영성과를 기대하고 있는지에 대한 정보를 탐색했다. 인터넷으로 브라질에서 휴대전화 시장규모가 18% 증가했다는 정보를 찾아낸 다음 회사 내의 성과정보를 확인해본 결과 브라질에서 10% 성장에 머물러 있음을 발견했다.

  재무책임자(CFO)는 주주들의 기대치와 경영계획을 비교했다. 그 결과 투자자들이 갖고 있는 기대가치 수준이 회사 계획에 비해 높아 간극을 줄이기 위한 방안을 탐색했다.

- **2단계** = 경영진들이 경영 회의실에서 경영정보 상황판을 보면서 주주가치 간극을 줄일 수 있는 새 이니셔티브 발굴을 위한 브레인스토밍을 실시했다. 이 때 IR 책임자가 수집했던 외부 정보를 주로 활용했다. 이를 통해 새로운 사업구상으로 휴대전화기기 사업부에서 18세 미만 고객을 신규로 개발하는 「유스 마켓 개발」 프로그램을 실행하기로 했다.

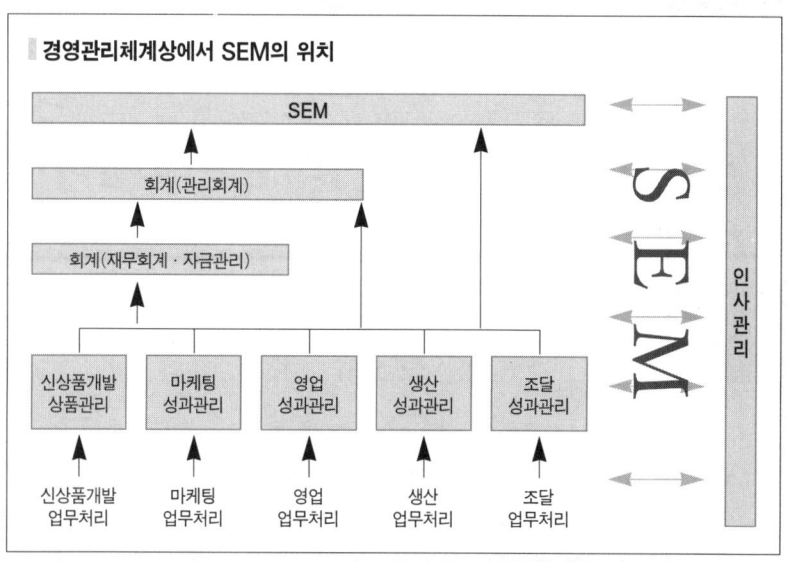

- **3단계** = 휴대전화기기 사업부(SBU) 기획책임자는 신개척사업에 대한 상세계획을 수립했다. 이 계획에 따라 얼마의 인적 자원과 자본이 필요한지 알아봤다. 이어 CFO는 이 사업투자가 새로운 가치창출에 기여할지를 판단하고 투자를 승인했다.
- **4단계** = 최고경영자는 신사업을 통해 창출할 주주가치에 대한 목표를 설정했다. SBU 기획책임자는 성과측정을 위해 무슨 측정지표가 필요한가를 결정했다.
- **5단계** = SBU의 책임자는 목표가 달성되고 있는지 지속적으로 점검했다. 신사업이 성공하기 위해선 SBU 책임자로서 어디에 노력을 집중해야 하는지도 결정해야 했다. CEO는 새 사업에 의해 회사성과가 좋아지고 있는지를 분석하고 전술을 수정했다.
- **6단계** = IR 책임자는 새 전략의 성과를 주주들에게 알렸다. 전 경영진은 경영회의실에서 월별로 경영성과 정보를 보면서 경영성과 달성 여부를 지속적으로 검토하고 대책을 협의했다.

관리회계

내 몸에 맞는 시스템을 도입하라

최근 모든 기업은 글로벌 경쟁환경에 직면하고 있으며 이러한 환경에서 경쟁우위를 확보하기 위해 극단적인 노력을 기울이고 있다.

근래 기업의 성과가 악화되면서(적자가 나거나 이익규모가 감소하는 등) 이러한 경영환경을 극복하기 위해 기업의 경영전략이 양 경영에서 질 경영으로 바뀌고 있다. 한편으로는 회계업무의 역할도 이에 맞도록 새롭게 변해야만 한다고 절실히 느끼고 있으므로 최근 모든 기업들이 효율적인 관리회계제도의 구축이나 효용성 등에 대해 크게 관심을 갖게 된 것이다.

회계의 전통적인 역할은 회사의 경영상태 또는 경영성과를 금액적으로 측정하여 이해관계자들에게 정보를 제공하는 것이며 이것을 재무회계라고 한다. 즉 한 달 또는 일 년 동안 회사를 운영한 결과 얼마의 원가로 제품을 생산하여, 얼마의 가격으로 판매하여 얼마의 이익이 발생했는지를 측정하여 보고하는 것을 말한다.

회계혁신은 기업의 경쟁력 회복에 필수 성공요인

회사가 예상했던 것보다 재무적 성과(이익·원가 등)가 향상되었을 때에는 이를 측정하여 보고하는 것으로 회계의 역할은 충분하지만, 그렇지 못할 경우에는 낮아진 원인을 분석하는 등 관리회계를 통한 성과향상 노력을 기울여야 한다.

즉 손익관리를 통해 이익이 낮아진 원인이 판매·구매·생산 등 어느 부문에 있는지, 더 구체적으로 판매부문 중에서도 어느 지점(영업소)에서 문제가 있는지, 더 나아가 어느 제품 또는 어느 고객의 수량, 단가요인 중에서 어느 요인 때문인지 등을 밝혀 낸다. 이처럼 손익관리는 어느 요인이 문제가 있는지를 분석한 후 원인을 규명하고 개선방안을 강구해 개선활동을 하는 것을 말한다.

이익의 구성요소 중 원가에 대한 관리와 분석을 원가관리라고 하고, 자금수지에 대한 목표설정과 실적관리 및 분석을 자금관리라고 한다.

기업의 전략을 달성하기 위한 도구

전략적 관리회계는 관리회계제도가 특정 기업의 경영전략 달성에 필수 역할을 담당할 수 있다는 것을 의미한다.

예를 들면 어떤 회사가 경쟁력 유지를 위해 「원가절감을 통한 가격우위전략」을 구사하려고 할 경우 어떻게 원가절감을 할 것

> 관리회계를 성공적으로 구축, 적용하기 위해서는 우선 관리회계를 왜, 어디에, 어떻게 활용할 것인지에 대한 비전과 미션을 분명히 설정하는 일부터 착수해야 한다.

인가가 가장 중요한 전략적 목표가 된다. 이 때 표준원가관리제도, ABC원가관리제도, 또는 원가기획과 같이 그 기업에 가장 적합한 원가관리제도를 도입하여 활용함으로써 전략적 목표인 원가절감을 이루는 것이다.

이 때 중요한 것은 사용용도에 맞는 적절한 시스템을 사용해야 한다는 것이다. 나무를 베기 위해서는 톱을 사용해야 하고, 땅을 파기 위해서는 삽을 갖고 있어야 하듯이, 원가를 분석하기 위해서는 원가분석 시스템을 사용해야 한다.

예를 들어 원가를 측정하기 위한 저울의 역할로 실제원가계산제도를 갖고 있는 회사가 원가의 인상요인을 분석해내기 위한 용도로도 실제원가계산제도를 사용하려고 한다면 사용용도에 적합한 도구를 갖추었다고 말할 수 없다.

또한 사용목적에 적합한 수준의 관리제도여야 한다. 도구는 정교하게 만들수록 효과(benefit)는 높지만 비용(cost)이 많이 소요되므로 관리목적을 충족시킬 수 있는 수준의 관리제도를 만들어야 한다. 따라서 선진기업에서 사용하고 있는 관리회계제도가 무조건 모든 회사에 적합하다고는 할 수 없다.

관리회계제도는 재무성과를 향상시키기 위해 사용하는 관리도구이므로 좋은 관리도구를 사용해 경영을 하면 그렇지 못한 기업과 비교해볼 때 훨씬 더 효과적이고 효율적으로 경영을 할 수 있을 것이고, 이로 인해 그 기업의 경쟁력이 높아질 것은 명약관화한 일이다.

좋은 관리회계제도를 갖추어 잘 활용하면 다음과 같은 효과를 볼 수 있다.

첫째, 회사의 경영상태나 재무상태, 자금흐름 등이 좋아질 것이다. 즉 원가는 절감되고 이익이 많이 나고 자금흐름은 원활해 짐으로써 궁극적으로는 경쟁력이 높아질 것이다. 좋은 관리회계 제도를 도입함으로써 경쟁력이 높아진다는 것은 상당히 매력적이지 않을 수 없다.

둘째, 경영자 또는 관리자의 경영력, 관리력을 향상시켜주고, 이것 역시 그 기업의 경쟁력을 높여줄 것이다.

좋은 도구를 갖고 경영을 하는 경영자와 맨손으로 추정이나 경험에 의해 경영을 하는 경영자는 관리경쟁력에서 싸움이 되지

전략적 관리회계와 경쟁력 향상과의 관계

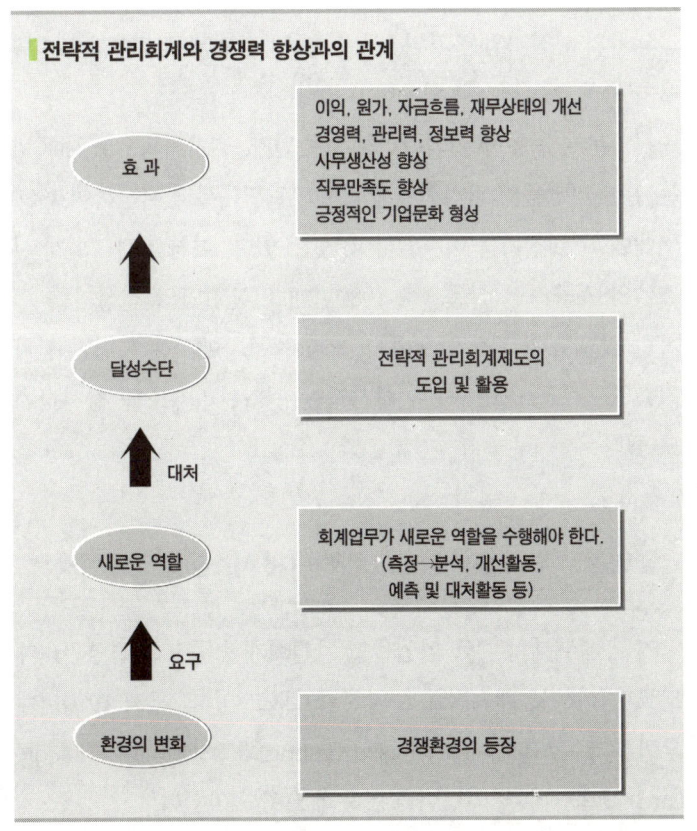

않는다. 또한 좋은 관리회계제도는 경영자 양성의 좋은 발판이 될 것이다.

셋째, 관리회계제도를 정보 시스템으로 구축함으로써 사무생산성이 향상될 것이다.

예산편성의 많은 업무와 재무예측, 이익과 원가의 분석업무 등에서 대폭적인 시간단축을 할 수 있어 회계 담당자들이 좀더 창조적이고 고부가가치 업무에 시간을 많이 쏟을 수 있다. 이로 인해 회사의 관리력, 정보력을 향상시키는 효과뿐만 아니라 종업원의 직무만족도 얻을 수 있을 것이다.

외국의 선진기업은 거의 대부분 오래 전부터 관리회계 시스템을 구축해 전략적으로 활용하고 있다.

사업부제를 통한 이익관리와 표준원가, 원가기획으로 대표되는 일본 기업들의 관리회계제도는 1950년대부터 발전하여 1980년대에 그 절정기를 이루었다고 볼 수 있다. 이처럼 관리회계 시스템의 적극적인 활용으로 1980년대 일본기업의 전성기를 구가한 것으로 알려져 있으며, 도요타 자동차에서는 유명한 원가기획(타깃 코스팅)이라는 획기적인 원가관리제도를 창시하기도 했다.

경영환경과 사업에 적합한 관리회계 시스템을 설계하라

거의 대부분의 미국 기업들도 관리회계를 중요한 경영관리제도로 인식하고 계속적으로 발전시켜오고 있다. 특히 1980년대 후반부터는 ABC(activity based costing)와 BSC(balanced score card) 등의 새로운 기법이 활발하게 도입되고 있다.

> 관리회계는 관리회계 부서뿐만 아니라 CEO를 비롯한 전 경영자가 직접 사용한다는 공감대 형성과 사고의 전환이 핵심 성공요건이다.

이에 비해 국내 기업들은 1980년대까지는 정부의 산업보호정책에 따라 독과점적인 지위를 갖고 있었으며, 재무성과의 문제점을 가격인상이나 물량확대정책으로 해결하곤 했다. 이런 경영환경에서 관리회계는 그 역할이 미미할 수밖에 없었으므로 기업들이 관리회계의 중요성을 인식하지 못함에 따라, 자연스럽게 관리회계는 거의 수행되지 않았다.

그러나 1990년대부터 변하기 시작한 기업경영환경에 따라 관리회계의 필요성을 인식하고 관리회계 시스템을 구축하기 시작했다. 지금은 대규모 기업을 중심으로 비교적 활발하게 이를 활용하고 있지만 아직도 많은 기업들이 적합한 관리회계제도를 제대로 갖추지 못하고 있거나 또는 목적한 바대로 제대로 활용하지 못하고 있다. 예를 들면 시중 은행들은 IMF 구제금융 이후 비로소 관리회계제도를 도입하기 시작하여 이제 막 사용하고 있는 수준이다.

관리회계를 성공적으로 구축, 적용하기 위해서는 우선 관리회계를 왜, 어디에, 어떻게 활용할 것인지에 대한 비전과 미션을 분명히 설정하는 일부터 착수해야 한다. 이에 따라 회사의 경영환경과 사업내용에 적합한 관리회계제도를 철저히 설계하고 ERP시스템이나 전문 패키지 시스템을 이용하여 정보 시스템으로 만드는 과정을 거쳐 관리회계 시스템을 구축하게 된다.

선진기업과는 달리 우리나라 기업들의 관리회계는 전반적으로 취약하므로 한 가지 특정 툴만을 구축하는 단편적인 접근보다는 전체 관리회계 시스템을 재구축하는 종합적인 접근이 필요하다. 예를 들면 ABC 하나만 구축하기보다는 원가관리 시스템 전체를 재구축해야 한다.

관리회계 시스템을 구축하는 것도 중요하지만 이를 충분히 활용하는 것이 훨씬 더 중요한 일이다. 관리회계는 관리회계부서가 사용하는 툴이 아니고 CEO를 비롯한 전 경영자가 직접 사용한다는 공감대 형성과 사고의 전환이 핵심 성공요건이다.

왕영호(앤더슨 파트너)

관리회계제도의 역할

전략적 관리회계제도가 담당해야 할 주요한 역할(용도)은 다음과 같다.

첫째는, 회사의 재무적 경영 상태인 이익, 원가, 자금흐름, 재무상태를 상세한 구분단위(조직별·고객별·상품별 등)별로 있는 그대로 정확히 측정하는 것이다. 경쟁환경에서 자기 자신을 정확히 아는 것은 경쟁력 강화를 위한 첫 단계가 된다.

둘째는, 재무성과를 분석한 후 이익의 개선, 원가의 절감, 자금흐름의 개선, 재무상태의 건실화를 이루는 것이다.

회사의 문제를 잘 알고 난 후에도 개선활동을 하지 않는다면 아무 소용이 없다. 개선활동의 프로세스는 건강회복을 위한 치료활동과 비유하여 보면 명확해진다. 건강이 나쁘다고 생각될 때 진찰이나 건강진단을 통해 무슨 원인 때문에 건강이 나빠졌는가를 밝혀내는 데서 출발하여 그 원인에 대한 처방을 내리고, 처방에 따라 치료활동을 수행하여야 하고 이 과정에서 혼자 감당하기 어려운 문제는 가족의 도움을 받아 해결하게 된다. 이런 과정을 철저히 따르면 대부분의 사람들은 건강을 회복할 수 있게 된다. 기업도 마찬가지로 이익, 원가, 자금흐름 등을 개선하기 위해서는 이와 똑같은 개선 절차를 수행해야 한다.

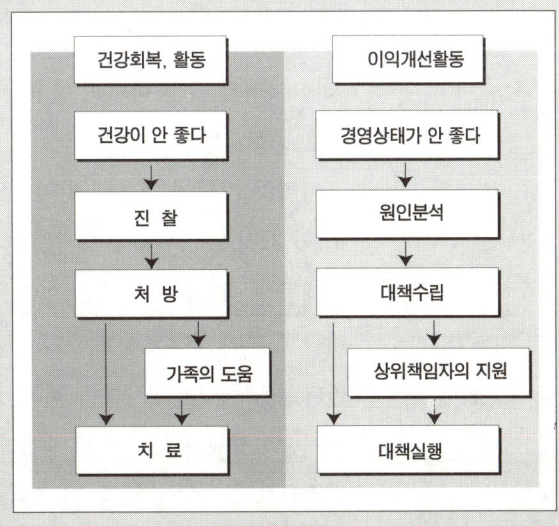

e-Transformation

디지털 비즈니스 환경에서의 새로운 비즈니스 모델

현대 산업에서는 더 이상 점진적이고 순차적인 개선을 통해서는 생존하기가 어렵다. 과거에 성공했던 사업 방식은 그 경제적인 효율성이 소멸하고 있어 기업 전반을 이끌 새롭고 혁신적인 비즈니스 모델이 지속적으로 만들어져야 한다.

디지털 비즈니스는 아직 시작 단계에 불과하지만, 한때의 유행에 그치지 않는 하나의 중요한 경향으로 기존의 비즈니스 모델을 변화시킬 것이다.

이러한 경향에 대응해 기업들은 향후 고객들에게 더 나은 제품 및 서비스를 제공할 수 있게 하기 위해서는 회사의 근본적인 문제들을 개혁할 필요를 느끼고 있다. 이는 새로운 디지털 비즈니스 경제에 걸맞도록 비즈니스의 구조를 재구성하는 것을 의미한다. 대부분의 회사들이 현재 겪고 있는 문제점은 IT를 통한 신기술혁명에 의해 시작된 새롭게 변화된 산업체계에서 더욱 생산적으로 활용할 수 있는 비즈니스 모델을 어떤 과정을 통해 어떻게 만들어낼 수 있는가 하는 것이다.

기존의 비즈니스 모델은 끝났다

과거에는 비즈니스를 수행하기 위해 막대한 자본이 필요했지만, 디지털 비즈니스 시대에는 제품과 서비스의 생산 및 제공 등 많은 활동이 아웃소싱될 것으로 예측된다. 점차 브랜드 인지도 및 고객과의 관계가 매우 귀중한 자산이 되고 있다.

이러한 모델로 변화하기 위해 기업의 운영 프로세스(operation process)에서 시작하여 전략(strategy level) 및 산업(industry level)까지 모든 분야가 e-Transformation 방법론에 의해서 진화되어야 한다.

디지털 비즈니스에서 기업이 e-Transformation 단계에 이르는 과정을 PwC 4Box 모델에서 제시하는 과정이 체계적으로 설명하고 있다. 현재 대부분의 기업이 초점을 맞추고 있는 채널 확장단계와 가치사슬 통합단계에서 기업은 밸류 웹(value web)의 비즈니스 모델을 만들어가야 한다. 밸류 웹의 비즈니스 모델은 서비스 제공자, 생산자, 공급자, 고객, 인프라 제공자 등의 다섯 가지 핵심 요소가 디지털 채널로 상호 연결되어 있는 네트워크의 결합체를 말한다. 전통적인 가치구조는 기업의 내부 프로세스를 통합하여 공급사슬(supply chain)을 최적화하는 노력에 집중되었으나, 디지털 비즈니스 환경에서는 다섯 가지 핵심 요소 간의 정보공유 및 프로세스 연계를 위한 웹 형태의 가치구조가 요구된다. 이미 하이테크 산업 분야에서는 기업의 경쟁 환경이 과거 가치사슬(value chain)의 경쟁구도에서 보다 확대된

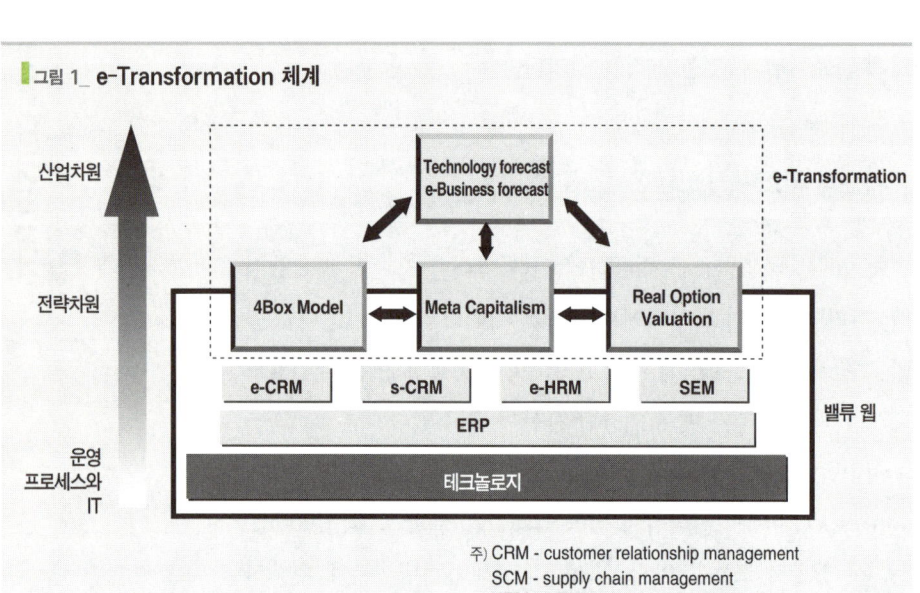

그림 1_ e-Transformation 체계

밸류 웹 간의 경쟁으로 바뀌어가고 있다. 이러한 구조를 만들기 위해 기업은 ERP, SCM, CRM 등 IT에 의한 비즈니스 혁신 기반을 만들어 다섯 가지 핵심 요소 간의 협업(collaboration)이 가능한 유연한 비즈니스 구조로 변화함으로써 기업의 가치를 제고할 수 있다.

이후 기업은 산업 간의 장벽이 없어지는 산업구조의 변화와 융합의 단계로 진화되어야 한다. 그러기 위해서는 물리적 자본을 바탕으로 하고, 가치사슬의 모든 활동요소를 단일 기업이 소유하고 지배하는 것이 가장 유리하다는 가정에 근거해 자본집약적 구조를 견지해온 기존의 비즈니스 모델을 해체하여, 물리적 자본 대신 브랜드와 인적 자본을 바탕으로 하며, 아웃소싱과 주문생산을 통해 고객의 요구에 모든 생산과정의 초점을 맞추는

브랜드와 인적 자본을 바탕으로 고객의 요구에 부응하는 디지털 비즈니스로 진화하라.

고객 지향적 성격을 띠고 있는 디지털 비즈니스로 기업이 진화되어야 한다. 메타캐피털리즘(meta-capitalism)은 이미 진행 중인 디지털 비즈니스를 통해 e-Transformation되고 있는 회사를 위한 새로운 비즈니스 모델을 제시한다.

결국 e-Transformation이란 밸류 웹을 강력하게 활용함으로써 디지털 자본을 창출 및 축적하는 것으로 볼 수 있다. 궁극적으로 2~3년 이내까지만 참여의 기회가 열려 있을 것으로 여겨지고 있는 메타캐피털리즘에 적응하기 위해 기존의 비즈니스 모델을 수정하지 못하는 회사는 이를 성공적으로 수행한 경쟁사에 뒤지게 될 것이다.

피라미드 기업에서 역삼각형 기업으로

미래의 기업구조는 점점 더 네트워크화를 이뤄나갈 전망이다.

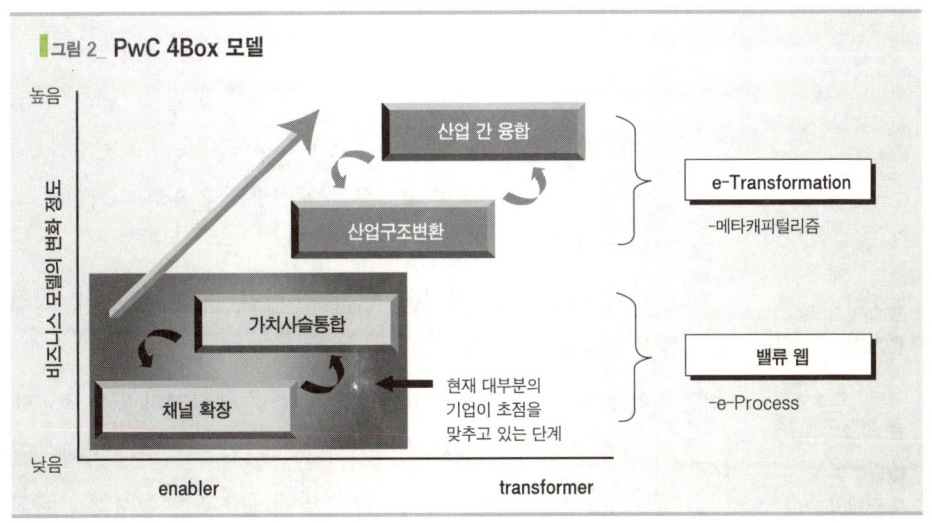

그림 2_ PwC 4Box 모델

또한 기업들은 핵심역량에 집중된 기업군(群)으로 변화하고 있다. 이를 기업의 입장에서 어떻게 추진해나갈 것인가 하는 것이 e-트랜스포메이션(기업변신)이며 이는 전략의 주요 포인트가 개별 기업의 경쟁 위상 차원에서 네트워크로 옮아감을 의미한다.

이는 전통기업이 탈자본화(decapitalization)하는 추세와 함께 이해할 수 있다. 산업혁명 이후 지금까지 기업의 비즈니스 모델은 물리적 자본에 크게 의존하는 피라미드 형태였다.

기업의 자본을 물리적 자본, 운영자본, 인적 자본, 브랜드 자본으로 구분할 때 지금까지 기업들은 거대 물리적 자본에 바탕을 두어왔다. 물리적 자본이란 눈에 보이는 유형자산인 생산 기지, 물류 센터, 금융기관의 지점, 병원 또는 건강관리 시설, 소매 점포, 통신 인프라, CATV 시스템 등 매우 다양하다. 기업들은 이런 물리적 자산을 효율적으로 관리하는 데 노력해왔다.

그러나 최극 극적인 혁명이 진행되고 있다. 인터넷으로 대표되는 e-비즈니스 시대에는 과거와 같은 피라미드 모양의 전통적인 방식으로 운영되는 기업들은 더 이상 시장에서 우월한 성과를 얻지 못하게 되었다. 전통적인 비즈니스 모델에 기초한 기업도 이전보다 훨씬 빠른 속도로 고객 욕구에 대응하고 있지만, 이들의 기업가치는 e-비즈니스를 성공적으로 활용하는 기업에 비하면 초라하기 그지 없다.

과거의 피라미드 기업은 역삼각형 기업, 곧 브랜드 소유 기업으로 변모해야 한다.

이전에는 소비자가 필요로 하는 제품을 생산하기 위해 조달에서 유통까지 기업 전체의 가치사슬을 기업 스스로 소유해야만 했다. 하지만 이제는 가치사슬 전반에 걸쳐 비핵심적인 물리적

과거의 피라미드 기업은 역삼각형 기업, 곧 브랜드 소유 기업으로 변모해야 한다.

자본활동을 아웃소싱해 기업은 소규모의 물리적 자본을 지닌 브랜드 소유 기업으로 변모될 것이다. 이런 브랜드 소유 기업을 중심으로 외부의 아웃소싱 파트너들과 연결된 네트워크가 구성될 것이다. 이와 같은 네트워크는 브랜드 소유 기업에 수요사슬과 공급사슬은 물론이고, 재무, 회계, 기술, 인적 자원 등과 같은 경영지원 서비스를 제공할 것이다.

물리적 자본 비중이 줄어들고 아웃소싱이 늘어나는 것은 바로 운전자본 비중을 낮추기 위한 노력의 일환이다. 브랜드 소유 기업은 자신의 고유한 설계 디자인과 브랜드만 소유할 뿐 부품 생산, 최종 조립 등을 아웃소싱하며 거의 어떤 생산설비도 보유하지 않는다. 생산을 한다고 해도 매우 전문화된 조립이나 아웃소싱 네트워크로부터 조달된 부품 및 시스템에 대한 단순 조립 차원에 머물 것이다. 생산관련 프로세스를 네트워크를 통해 조달할 경우 생산에 사용되던 막대한 양의 자본은 브랜드 개발, 고객

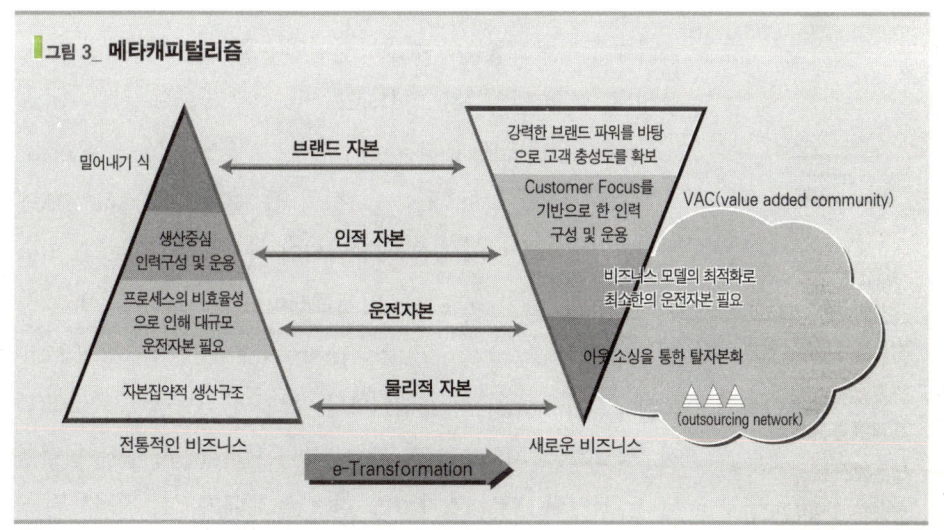

그림 3_ 메타캐피털리즘

PWC CONSULTING

관리, 공급사슬 관리 등 산업에서 선두를 차지하기 위한 노력에 투입될 것이다.

비즈니스의 근본을 바꾸는 인터넷과 신기술

그렇다면 브랜드 소유 기업을 위한 제품은 누가 생산하고 누가 고객에게 전달할 것인가. 또한 가치사슬의 어느 부분을 아웃소싱하고 전체 가치사슬은 어떻게 관리할 것인가. 이와 같은 고민에 대한 해답은 부가가치 커뮤니티(value added communities : VAC)에서 찾을 수 있다.

VAC는 브랜드 소유 기업 외부에 존재하는 비즈니스 네트워크를 지칭한다. 생산·배달과 관련된 공급사슬이나 총무·회계 등 공유 서비스(shared service)가 이에 속한다. VAC는 브랜드 소유기업 및 고객에게 가치사슬 전 단계의 아웃소싱 서비스는 물론이고 공급사슬 자체에 대한 정보도 함께 제공한다.

현재 등장하고 있는 VAC는 「산업별 프로세스」와 「산업 간 프로세스」의 두 방향으로 형성되고 있다. 수직적 공동체(vertical community)라고도 불리는 산업별 프로세스(industry-specific process)는 특정 산업 내 공급사슬의 비효율성을 해결하기 위해 형성된다. 보통 이와 같은 커뮤니티가 가상공간에 형성된 것을 포탈(vertical portal) 또는 e-마켓플레이스라고 부른다. 반면 산업 간 프로세스(cross industry process)란 수평적 공동체(horizontal community)라 불리며 모든 산업의 기능별 프로세스(회계, 정보기술, MRO, 인적 자원관리 등)를 개선하기 위해 형성된다. 산업별 프로세스가 어느 한 산업의 문제점을 개선하는 데

기업은 자신의 핵심역량에 집중해 이를 사업화하고 비핵심부분은 새로운 부가가치 네트워크로 형성해나가야 한다.

비해, 산업 간 프로세스는 여러 사업이 공통으로 안고 있는 문제를 해결한다. 물론 특정 산업의 솔루션이 유관 산업의 문제해결에 사용되어 산업 간 융합을 촉진시킬 수도 있다.

중요한 것은 VAC가 속해 있는 산업에서 지속적으로 가치제안을 제공하느냐에 달려 있다. VAC의 경쟁력은 네트워크 사업에 맞는 가치제안 및 비즈니스 모델의 개념을 가지고 고객에게 접근하느냐 여부가 좌우할 것이다.

인터넷과 신기술은 비즈니스 방식의 근본을 변화시키고 있다. 기존의 피라미드형 모델은 역삼각형 비즈니스 모델로 바뀌어가고 있다. 기업은 더욱 철저히 자신의 핵심역량에 집중해 이를 사업화하고 비핵심부분은 새로운 부가가치 네트워크로 형성해 나간다.

단순한 인터넷 사업기회의 추진이 아닌 이런 전략적 방향 설정이 새로운 경제체제 하에서의 변화 대응, 즉 e-Transformation이다. 향후 기업의 가치와 성패는 여기에 달려 있는 것이다.

이성열(PwC 컨설팅 부사장)

기업가치 창출의 인프라

정보와 자원의 흐름을 컨트롤하라

SCM — 공급사슬관리

supply chain management(SCM), 즉 공급사슬에 대한 관리방안은 제품의 생산(manufacturing)이 시작된 이후로 이익창출을 위해 비즈니스를 영위하는 모든 업체들의 고민이자 관심사항이 되어왔다. 공급사슬이라 함은 글자 그대로 물자가 공급되는 과정에서의 연결고리를 의미한다. 즉 제품을 생산하는 회사의 입장에서는 구매과정을 포함하는 생산 및 판매관리를 포괄하며, 공급자 입장에서는 원자재 또는 제품의 적시적·안정적 공급에 대한 관리를 의미한다(그림 1).

SCM의 발전 방향은 통합(integration), 협력(collaboration), 그리고 동시화(synchronization)의 3단계로 고려된다. 통합 차원에서는 사내 기능의 통합(functional complexity)을 지향하며, 협력의 단계는 전사적 기능의 협력 및 통합(enterprise complex-

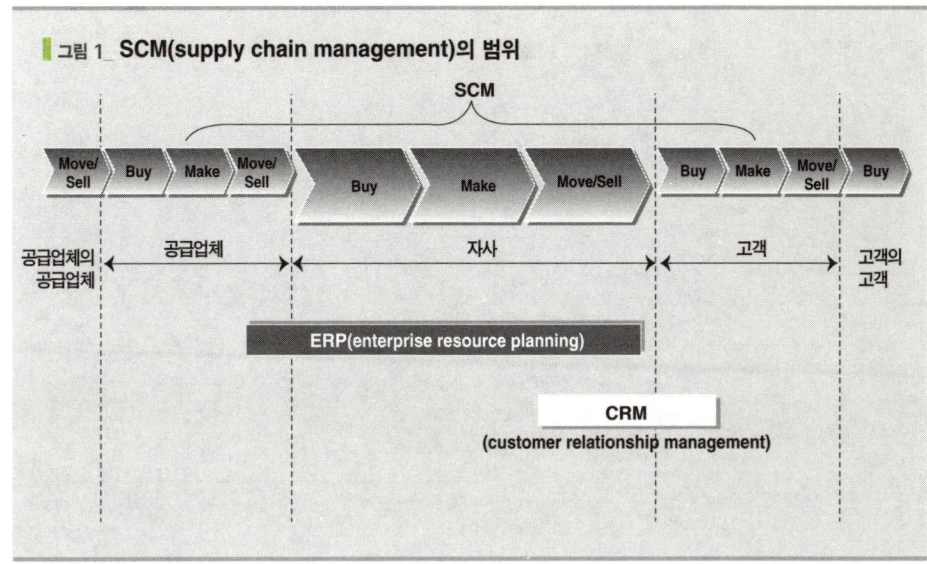

그림 1_ SCM(supply chain management)의 범위

ity)을, 그리고 동시화 단계에서는 가치사슬상의 통합 및 협력(value chain complexity)을 지향한다. 즉 SCM이란 구매·생산·판매를 포괄하는 개념이지만, 공급자나 판매대상 고객사와의 협조를 통해 구매나 판매를 예상 가능하게 하여 효율적인 인적·물적 자원의 흐름을 통한 가치창출의 극대화를 지향하는 개념이다. 현재 글로벌 벤치마킹 업체들 중에서는 델, 월마트, 그리고 GE 등이 성공적인 업체로 나타나 있다(그림 2).

그렇다면 ERP와 SCM은 어떠한 차이가 있을까? ERP(enterprise resource planning), 즉 전사적 자원관리는 구매·생산·판매·회계 등 회사 내부의 업무처리에 대한 효율성을 극대화하는 목적으로 개발된 시스템이며, SCM은 자사뿐만 아니라 관련사(공급업체, 고객)와의 협력 및 기존의 시스템(ERP 또는 기타 유사 정보 시스템)과의 연계를 바탕으로 자사의 구매·생산·판

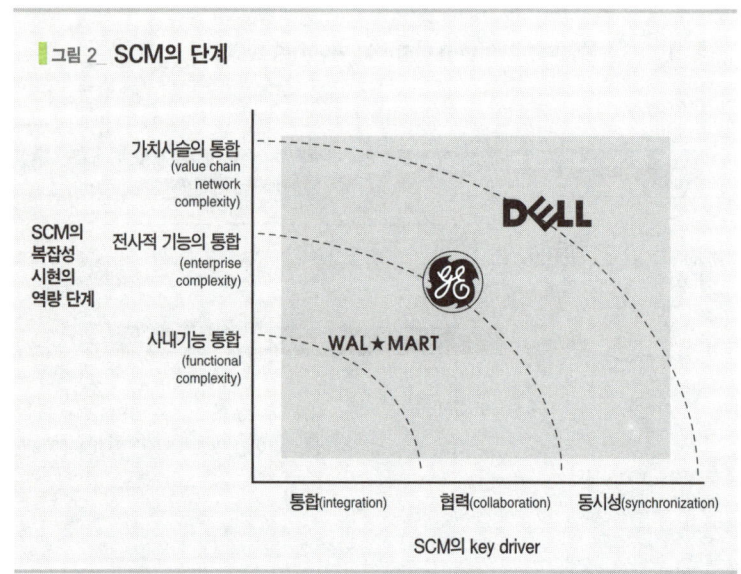

그림 2_ SCM의 단계

매의 공급사슬에 대한 계획(supply chain planning) 및 업무의 실행(supply chain execution) 과정을 통해 물류 및 정보의 흐름을 최적으로 조절함으로써, 비용의 절감 및 효율적인 비즈니스를 통한 가치창출을 극대화하는 시스템이다.

내부 정보의 통합을 넘어서

SCM과 ERP의 가장 근본적인 차이는 계획(supply chain planning) 부분이라고 할 수 있다. 즉 ERP가 회사 내부 부서, 또는 관련 사업부 및 계열사의 정보에 대한 통합을 바탕으로 자사의 사업 효율성을 증가시키기는 하나, 자회사뿐만 아니라 공급사 및 고객사를 포괄해 공급자재 및 생산제품에 대한 물류 및 관련 실시간 정보의 흐름을 구축함으로써 정확한 물량 수요 예상, 공급

> SCM은 기업의 내부적 협력 및 통합뿐만 아니라 외부적 협력 및 통합을 통해 기업의 가치창출을 극대화한다.

량 예상 등을 가능하게 하는 것이 SCM의 영역이다. 이렇듯 SCM
은 회사의 내부적 정보 통합을 넘어서서 공급업체·고객사 등을
포괄하는 협력기반 위에서 가치창출을 지향한다.

따라서 SCM은 통상 ERP의 기반 위에서 상당한 효율성을 제
고할 수 있으나, 한 기업이 ERP와 SCM의 양 시스템을 갖추기
위해서는 상당히 막대한 금액이 소요된다. 최근에는 각 기업들
의 이러한 비용부담을 덜어주기 위해 ERP, SCM 시스템 패키지
업체들이 상대 시스템 기능의 일부를 포함하여 개발하고 있다.
즉 ERP 패키지는 SCM의 일부 기능을 갖추어가고 있으며, SCM
패키지도 ERP의 기능을 일부 포함하는 경향이 늘고 있다.

협력업체와의 윈윈 전략

SCM의 효과는 구체적으로 어떠한 것일까. 어떠한 효익 때문
에 기업들이 경쟁적으로 SCM을 채택하고자 하는 것일까. SCM
의 기대 효과는 크게 세 가지 영역으로 나뉘는데, 수요 및 공급
의 예측을 통한 효율적 비용의 절감, 정보의 협력으로 인한 전략
적 결정의 효율성 증가, 그리고 정보의 효율적 축적 및 활용을
통한 신규 가치창출의 기회포착 등이 그것이다.

첫째, 수요 및 공급의 계획을 바탕으로, 예측을 통한 효율적
비용의 절감이 가능한데, 이는 공급가치 사슬에서 가장 획기적
인 부분이다. 예를 들어 자동차 생산 조립시의 철강 판재를 공급
받는 자동차 제조업체의 경우를 보자. 자동차 공장은 각 모델들
의 생산 라인에서 해당 규격의 철강 판재를 적시에 공급받아야
하는데, 일시적이라도 철강 판재 재고가 떨어지면 생산량에 차

그림 3_ SCM 영역별 효과(global benchmarking)

■ 물류비용	16~28% 감소
■ 재고비용	25~60% 감소
■ 전반적 생산성	10~16% 증가
■ 수요·공급 예측의 정확성	25~80% 증가
■ 공급사슬 관리비용	25~50% 절감

출처 : Accenture analysis.

질을 빚어 결국 판매 손실을 야기할 수 있으며, 해당 작업 정지 시간만큼의 노동력 손실도 커진다.

　반면에 이러한 점을 우려해 철강 판재의 재고를 무리하게 비축해놓는다면, 조업 중단 및 판매 손실은 없다. 그러나 큰 부피의 철강 판재 재고 저장에 따르는 소요 비용이 발생하며, 이에 대한 추가적인 물류비용이 발생할 소지도 있다. SCM의 시스템은 이러한 수요 예측의 정확성을 증가시키므로, 부대비용을 최소화할 수 있다.

　둘째, 정보의 협력으로 인한 전략적 결정의 효율성 증가는 회사 간 협력을 기반으로 한 가치창출의 효과를 뜻한다. 예를 들어 청량음료 제조회사에서 각 대리점 및 유통회사와의 SCM망이 제대로 구축되었다면, 거의 실시간으로 판매물량에 대한 정보가 본사에 축적될 것이다. 본사는 판매량의 자료를 바탕으로 소비자 예측을 통해 생산물량 및 구매물량에 대한 전략적 수위 조절을 할 수 있으며, 이를 통해 매출의 극대화 및 비용의 최소화를 지향할 수 있다. 이에 반해 SCM 기반 없이 체계적이지 않은 자료의 분석은 오차가 큰 결정에 대한 가능성을 증가시키며, 결국 전략적인 결정을 내릴 수 있는 준거를 마련하지 못하는 상황을 초래한다.

셋째, 정보의 효율적 축적 및 활용을 통한 신규 가치창출의 기회 포착은 SCM을 통한 지식경영을 기반으로 가능하다. 이는 과거의 자료에 대한 체계적인 축적을 통한 상황 예측 및 예방을 가능케 한다. 또한 선험적인 자료 분석을 통한 시장수요 예측 및 유사 상황에 대한 효과적인 대응방안 수립이 가능하므로 효과적인 신규 가치창출 효과를 제공한다.

글로벌 벤치마킹을 통해 SCM의 효과를 보면 재고 감소 부분에서 약 25~60%의 효과를 창출하는 등 개략적으로 각 영역별 20% 이상의 비용 감소 효과를 나타내고 있다(그림 3). GE는 1990년대 후반 SCM을 정착시킨 이후 주가대비이익률(price to earning ratio) 및 주가총액에 있어서 각각 43% 및 27%의 괄목할 만한 가치를 시현했으며, 월마트와 델의 경우도 상당한 가치를 시현한 것으로 나타났다(그림 4).

최고경영진이 주도하라

SCM의 성공요소는 무엇인가? SCM은 단순한 시스템을 장착하는 것이 아니라, 회사의 비즈니스 시스템 및 비즈니스 모델 자체가 바뀌는 것으로 이해해야 한다. 전사적으로 조직원들의 생각이 변화하지 않으면 SCM에 대한 기대효과를 기대하기 어렵

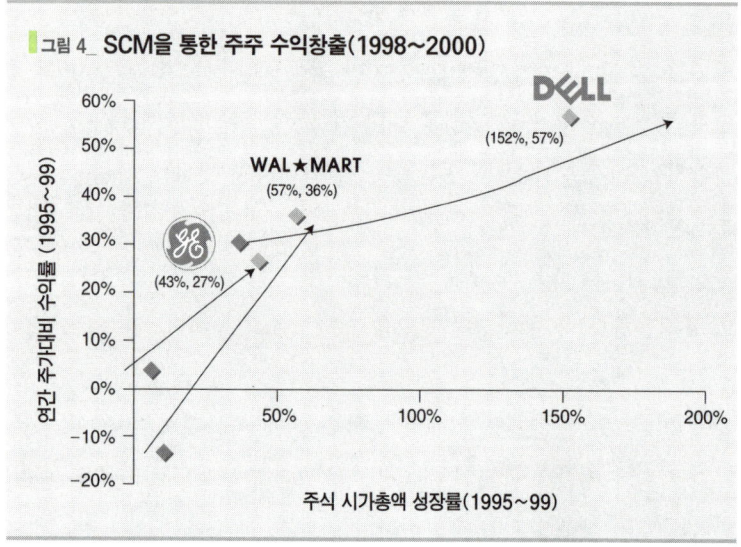

그림 4_ SCM을 통한 주주 수익창출(1998~2000)

다. SCM에 대한 성공 요소는 다음과 같이 세 가지로 고려해볼 수 있다.

첫째, SCM은 최고경영진이 주도해야 한다. SCM은 단순한 IT 솔루션의 장착이 아니다. 가치창출을 위한 전략적인 도구다. 최고경영진의 관심과 강조는 조직 전반에 변혁을 쉽게 유도할 수 있는 장점을 갖고 있으므로, SCM의 전사적 진행은 최고경영진이 주도적으로 이끌어야 전사적 전략 방향과 실행전략에 대한 일관성과 효율성을 유지할 수 있다.

둘째, SCM 시행에 있어서 변화관리를 통한 전사적 참여율을 높여야 한다. ERP이건 SCM이건 마법의 솔루션은 없다. 가치창출을 극대화하기 위해서는 모든 조직원들의 적극적인 참여 유도가 필수적이며, 이러한 변화관리의 과정으로부터 진정한 하부구조(infra structure)를 현실화시킬 수 있다. 이러한 변화관리를 소홀히 한다면 목표한 효과를 내지 못한다.

　셋째, 급진적인 접근방법은 자제하면서 실용적인 부분을 지향하여 실행해야 한다. 협력업체가 준비되어 있지 않은 상황에서 무리한 SCM 추진을 강요하거나 투자를 할 경우 협력이 어려워지고, 투자대비 효용성을 얻지 못하게 된다. 거래선, 고객사, 협력 업체도 결국 변화관리를 통한 자발적 참여 유도가 상호 가치 창출의 지름길이다.

성낙양(액센츄어 이사)

세계 9대 컨설팅사 좌담회

불황극복 이렇게 하자

- CEO 됨됨이가 기업개혁의 마스터 키
- 한국 현실에는 개인보다는 팀별 성과급제가 효과적이다
- 사장이 솔선수범하면 조직과 직원은 따라서 변한다
- 한국 정서에 글로벌 기준 가미한 토착형 경영 컨설팅 시급하다

accenture

ANDERSEN

BAIN & COMPANY

THE BOSTON CONSULTING GROUP

Deloitte Consulting

PWC CONSULTING

Towers Perrin

WILLIAM M. MERCER

참 석 자	
앤더슨	김양환 상무
타워스 페린	박광서 대표
보스턴 컨설팅 그룹	박성준 매니저
액센츄어	서병도 상무
베인&컴퍼니	신영욱 이사
윌리암 엠 머서	양백 부사장
PwC	이성열 부사장
한국컨설팅협회	정옥래 부회장
A.T.커니	정인철 부사장

(가나다 順)

암초에 걸린 한국경제호

사회 현재 한국경제는 자신감과 방향감을 상실한 느낌이다. 내수불황이 오래 됐고 해외시장도 갈수록 여건이 악화되고 있다. 한국이 비교우위를 누려온 제조업은 거의 전 업종에 걸쳐 세계적인 공급과잉 상태여서 신규투자는 구조적으로 한계에 부딪쳐 있다. 바이오 등 신산업에의 도전도 여의치 않다. 정부에선 서비스 산업을 일으켜 기존산업의 부진을 만회한다고 하지만 이 분야의 경쟁력은 더 형편없어 당장 효과를 보기는 힘들다. 중국은 블랙홀처럼 한국의 경쟁기반을 흡수하고 있다.

이런 상황에서 기업들은 내부개혁을 통한 경쟁력향상 이외에는 다른 길이 없다는 것을 절감하고 있지만 구체적인 방안에 대해 목말라하고 있다. 설사 이 방향이다 싶어도 확신이 서지 않아 과감하게 추진하지 못한다. 왜냐하면 과거에 우리 기업들이 한번도 경험해보지 못한 상황이 진행되고 있기 때문이다.

한국경제나 기업의 문제를 정책적으로 풀기에는 한계에 와 있다. 이제 탁월한 기업경영인들이 나서야 하고 경영 컨설팅이 어느 때보다 절실히 요구되는 시점이다.

이성열 PwC 컨설팅 부사장 한국경제는 제조업이 버텨줘야 고비를 넘길 수 있다. 그 동안 많은 제조업 대기업들이 구조조정을 했지만 응급처치를 했다고 보면 된다. 이제 진짜 수술을 해야 한다. 중국 등 경쟁자들의 도전속도에 비추어 시간이 많지 않다. 앞으로 2~3년 안에 해치워야 한

인터넷 시대에 맞는 「새로운 네트워크」를 만들어야 한다.

다. 기업간거래(B2B)에 초점을 맞춘 e-비즈니스 차원의 구조조정을 해야 한다.

PwC가 개발한 메타캐피탈 모델에 따르면 B2B제조회사는 세 가지 모델로 나뉜다.

브랜드 중심 회사, 공급사슬 파트너, 중개역할을 하는 마켓플레이스 회사가 그것들이다.

이들 세 가지 회사가 하나의 네트워크로 엮어져 시너지를 창출해야 한다. 그 동안 한국기업들은 생산기술중심으로 발전해왔고 외국 브랜드를 활용해서 판매했다. 하지만 인터넷 시대에선 한국의 이 같은 경쟁력이 흔들리게 마련이다. 인터넷 시대에 맞는 「네트워크」를 만들어야 한다.

「네트워크」의 시대이자, 「셰어링」의 시대

사회 인터넷과 맞물리는 흐름이 이른바 「글로벌리제이션」인데, 이런 상황에서 국내기업들은 새로운 성장동력을 어떻게 장만해야 할까.

이상열 제조기술역량이 이미 세계 최고수준에 오른 포철이나 삼성전자 같은 회사는 앞으로도 이 경쟁력을 지속적으로 특화발전시켜야 한다. 다만, 발전시키는 방식이 과거와는 달라져야 할 것이다. 브랜드만 관리하고 나머지는 밖에서 「소싱(조달)」하는 회사는 과거에도 있었다. 인터넷으로 더욱 힘을 얻게 됐을 뿐이다. 인터넷은 기업과 기업, 기업과 고객 간의 만남의 시간과 비용을 혁신적

> 기존 제조업체들이 브랜드와 제조, 마켓 3자 간의 네트워크를 만들 수 있느냐에 기업의 미래가 달렸다고 하겠다.

으로 줄였다. 그 결과 큰돈을 들이지 않고도 사업을 할 수 있는 시대가 됐다. 그래서 벤처기업들이 많이 생기는 것이다.

이런 추세에서 기존 제조업체들이 브랜드와 제조, 마켓 3자 간의 네트워크를 과연 경쟁력 있게 짤 수 있느냐 없느냐에 그 기업의 미래가 달렸다고 하겠다.

사회 기술적으로 「네트워킹의 시대」이면서 경영 마인드는 「셰어링(제휴)의 시대」라고 볼 수 있는데 국내기업들은 이에 대한 경험이 너무 부족하다. 따라서 한국의 컨설팅 업체들은 기업들에 정서적인 문제까지 제안해야 할 것이다.

서병도 액센츄어 상무　해외에서 세계적인 기업들과 경쟁해온 대기업들은 무엇을 벤치마킹해야 하는지 잘 알고 있다. 더 나아가 가상의 경쟁자를 설정해놓고 미리 대응전략을 짜기까지 한다. 하지만 전략까지는 좋은데 실천에 문제가 있다. 이것이 한국기업의 폐단이다. 내부반발이 심하고 컨센서스를 모으는 것이 엄청나게 힘들다.

이런 한국의 독특한 조직문화를 극복하기 위해선 사내 벤처를 비롯한 기업 벤처링이 대안이 될 수 있다. 이 경우 기업내부에서 가장 유능하고 새 분야의 일 추진에 가장 적합한 사람을 뽑는 것이 관건이다.

사회 상시 구조조정 차원에서 기업 벤처링도 효과적이라는 말씀인데, 벼랑 끝에 서서야 돌파구를 찾는 우리 조직문화의 폐단을 어떻게 하면 고칠 수 있을지.

박성준 보스턴 컨설팅 그룹 매니저　선진기업들의 관점에서는 아직 한국

> 한국의 독특한 조직문화를 극복하기 위해선 사내 벤처를 비롯한 기업 벤처링이 대안이 될 수 있다.

기업들에 대한 주식시장의 감시와 압력이 덜해 기업 스스로 미리 변해야 한다는 강박감을 덜 느낀다고 보인다. 다행스런 것은 한국기업도 많이 변하고 있다는 점이다. 5년 전만 해도 컨설턴트가 「성장이 아니라 수익성이 관건」이라고 강조해도 대부분의 기업들은 「우이독경」식이었다. 하지만 외환위기를 거치면서 이제는 수익성을 중시하는 쪽으로 변하고 있다. 거래은행도 기업변화를 유도하는 데 핵심 역할을 하는데, 아직 한국에선 그 역할이 미흡하다.

> 경영자의 전략적 의사결정에서 가장 중요한 판단기준은 퍼포먼스가 돼야 한다.

CEO가 기업개혁의 열쇠

신영욱 베인&컴퍼니 이사 외환위기 이전엔 대부분의 한국기업들에는 현금흐름이나 자기자본 조달비용을 막연히 알고 있었을 뿐 경영에 제대로 반영하지 않았다. 과연 컨설팅 업체들도 이런 개념을 전파하는 데 게을리하지 않았는지 따져봐야 한다. 이제 경영 마인드를 바꿔야 한다. 이는 최고경영자에 달렸다고 해도 과언이 아니다.

김양환 앤더슨 상무 일단 경영전략이 중요하지만 더 중요한 것은 전략을 실행에 옮기는 기업내부 시스템이다.

경영자의 전략적 의사결정에서 가장 중요한 판단기준은 퍼포먼스가 돼야 한다. 이 같은 퍼포먼스를 이루려면 회사 내에 철저한 성과주의에 기반한 보상체계를 만들어야 한다. 또 기업외부적으로는 경영자 시장이 제대로 형성돼야 한다.

양백 윌리엄 엠 머서 부사장   경영자들이 내부개혁을 추진하고 성과를 평가할 때도 대단히 세부적이고 구체적이며 기능적이어야 조직원들을 효과적으로 변화시킬 수 있다. 그냥 총론적이고 감독적인 호소만으론 절대로 안 된다.

사회   성과급제는 영역다툼 같은 이기주의를 부추기고 정보 공유를 어렵게 하는 등 한국적 상황에선 의외로 부작용이 클 수도 있는데.

양백   분명히 그런 점이 있다. 서구식 개인별 성과급제도를 수정 없이 도입하기보다는 「팀별 또는 부별 성과급제」를 채택하는 것이 한국실정에 가장 적합하다고 본다. 한국기업의 정서는 일본식 집단주의와 미국식 개인주의의 중간쯤 된다고 보면 된다. 이런 상황에서 평가와 보상제도 역시 그 중간형태가 적합한 것이다.

박광서 타워스 페린 대표   기업인들이 방향성과 자신감을 상실하고 있다는 것은 보통문제가 아니다. 중국의 위협은 상당히 절박한 문제인 게 사실이다. 한국기업은 주력분야 조정 같은 구조조정도 필요한 동시에 인사혁신도 시급하다. 뭐니뭐니해도 경쟁력의 원천은 결국 사람이다. 경영자들이 가장 갈망하는 부분도 어떻게 하면 조직원들이 유기적이고 능동적으로 잘 움직일 수 있도록 할 것인가 하는 것이다.

「용장 아래 약졸 없다」는 말처럼 기업을 혁신하는 데 가장 중요한 것은 역시 CEO다. CEO가 문제를 푸는 마스터키다. 이런 관점에서 한국기업들에 당장 시급한 과제는 전문경영인을 정밀하고 객관적으로 평가하는 시

> 「팀별 또는 부별 성과급제」를 채택하는 것이 한국실정에 가장 적합하다고 본다.

스템을 마련하고 그 평가에 입각해서 충분히 보상하는 것이다. 이것이 가능하면 다른 많은 문제들이 해결될 수 있다.

양백 CEO에 초점을 맞춰야 하는 것은 정말 맞다. 하지만 과연 한국적 기업풍토에서 CEO가 중심이 된 개혁을 조직이 순수하게 제대로 받아들일지 의문이다.

박광서 CEO가 모든 문제를 푼다는 뜻이 아니다. 조직원의 역량을 높이는 데 CEO의 영향이 가장 크다는 뜻이다. 예를 들어 장수가 방향을 잘못 잡으면 모든 병사들이 길을 잃는다. 또 CEO를 통한 변화과정에서는 시스템과 문화가 함께 맞물려 돌아가야 한다.

정옥래 컨설팅협회 부회장   외환위기 전까지는 재무제표에 대한 인식이 그렇게 중요하지 않았다. 그 이후 많이 개선됐지만 아직 국내 기업들의 이자보상배율(수익성)은 여전히 선진국에 비해 좋지 않다. 한국기업들은 앞으로도 더 수입을 늘리거나 비용을 줄여야 한다는 얘기다. 역설적으로 한국기업은 선진국기업들과 비교할 때 아직 덜 돼 있는 부분이 많기 때문에 앞으로 더욱 비용을 줄일 수 있고, 그 결과 더욱 기업가치를 높일 수 있는 여지가 있다고도 볼 수 있다.

사회 기업들은 선진국 방식이 옳다는 것을 알지만 한국현실에 반영하는 데 많은 고충을 경험하고 있다. 그렇기 때문에 기업들은 어느 때보다 구체적인 답안을 알고 싶어 한다. 요컨대 서구방식을 한국기업의 개혁에 어떻게 적용할 수 있는지 그 구체안까지 요구하고 있는 것이다.

CEO가 문제를 푸는 마스터키다.

정옥래 이른바 글로벌 스탠더드에 한국적 상황을 가미한 한국형 컨설팅이 나와야 한다는 데 전적으로 공감한다. 그런 관점에서 컨설턴트들의 할 일이 많고 한국인의 정서는 물론 폐단까지 감안한 기업개혁안이 요구되는 시점인 것 같다.

집 필 진 소 개

데이비드 비커리
딜로이트 컨설팅 파트너
영국 출생
영국 브리스톨 대학 경제학, 사회역사학 준석사
2000년 6월 딜로이트 컨설팅 코리아 금융부문 총괄 파트너로 발령
아시아, 유럽, 남미 등지에서 30년 간 금융관련 컨설팅 경력

제임스 루니
딜로이트 컨설팅 코리아 부회장
1954년 스코틀랜드 출생
런던 과학기술 황실대학 졸업
하버드 대학 MBA
미국 베인 & 컴퍼니 근무
템플턴 투자신탁증권 한국지사 CEO
딜로이트 컨설팅 코리아 부회장

김성훈
한국 윌리암 엠 머서 컨설턴트(고과 및 보상관리 분야)
고려대학교 졸업
고려대학교 대학원 산업심리학 박사
한국산업 및 조직심리학회 이사
인사컨설팅 전문업체인 SHL그룹의 서울사무소 선임 컨설턴트 근무
 - 성과관리 시스템 설계, 보상체계 설계, 경력개발 프로그램 설계,
   컴피턴시 모델링 작업 진행

김양환
앤더슨 코리아 파트너
관리회계/전략경영(SEM) 컨설팅 담당
공인회계사, 경영학 박사
KPMG 산동컨설팅 근무
70여 기업에 관리회계체계 혁신, 성과관리체계 혁신, 전략경영체계 혁신 컨설팅 서비스 제공

박광서
타워스 페린 코리아 대표이사/한국사장
호주 모나시 대학원 경영학 리서치(석·박사) 과정 수료
호주 CPA 멤버십
호주의 D.A. Group에서 최고재무책임자(CFO) 역임
쿠퍼스&라이브랜드에서 경영 컨설턴트 근무
2000년 타워스 페린의 Managing Principal(타워스 페린의
  세계 경영을 맡는 소수의 최고 경영진이자 주주)로 선임

박성준
BCG 서울사무소 매니저
하버드 대학 물리학 석사, 생물물리학 박사
하버드 대학 연구원으로 재직
- 한국의 금융 서비스 그룹사 인터넷 금융 서비스 포털 기획
- 한국 주요 은행의 경영성과 평가 및 단계적인 구조조정 기획 업무
- 국내외 금융기관 간 파트너십 체결 지원
- 해외 프라이비트 뱅크 한국 진입전략 수립

서병도
한국 액센츄어 상무
고려대학교 경영학 석사
공인회계사, 정보관리기술사, 미국 공인 생산재고 관리사(CPIM)
1982년 안권회계법인 입사
1986년 액센츄어 입사 후 다수 경영 컨설팅 프로젝트 수행
현, 한국 액센츄어 내 Business Launch Centre 책임

서영택
BCG 서울사무소 매니저
서울대학교 컴퓨터공학 학사
켈로그 비즈니스 스쿨 MBA
- 국내 유무선 통신회사 중장기전략 수립
- 국내 유무선 통신회사의 인수·합병 후 통합작업 수행
- 해외 투자회사의 국내 정유회사 인수를 위한 Due diligence 수행
- 국내 정보통신·하이테크 회사의 신규사업 진입전략 수립

서종수
A.T.커니 서울사무소 이사
서울대학교 경영학 학사 및 석사(MBA)
Monitor Company Seoul
- 1994년부터 국내외 유수기업을 대상으로 경영전략, 마케팅 전략 등 다양한 분야의 전략 컨설팅 수행

성낙양
한국 액센츄어 이사
연세대학교 졸업
U.C. 버클리 MBA(마케팅, 전략)
삼성 근무
맥킨지 시니어 컨설턴트로 근무

신영욱
베인 & 컴퍼니 서울사무소 이사
서울대학교 경영학과 학사 및 석사
하버드 비즈니스 스쿨 MBA
삼성전자, 삼성경제연구소 수석연구원 근무
- 국내 재벌의 전자계열사 구조조정 프로젝트
- 국내 공기업의 합병, 조직개편 관련 프로젝트
- 국내 최대 Textile 회사의 e-비즈니스 전략 실행 프로젝트

양백
한국 윌리암 엠 머서 부사장
미국 브리검영 대학 MBA(인사 및 재무전공)
뉴욕 주립대학 박사학위 취득(전략경영)
삼성반도체 및 삼성경제연구소 수석연구원으로 근무
- 대표 연구 프로젝트: 임원보상 및 평가, 벤처기업의 성공요인, 지식경영, 리더십팀 전략

왕영호
앤더슨 코리아 경영컨설팅 부문의 파트너
공인회계사, 경영학 박사
성과관리/SEM컨설팅팀 리더
- 70여 회사의 관리회계/종합성과관리 컨설팅 수행
- 기업들의 전략경영관리 체계혁신, 경영성과관리 체계혁신, 관리회계 시스템 혁신 컨설팅 담당

이병남
BCG 서울사무소 부사장
연세대학교 경영학 학사 및 석사
미시간 대학 MBA
- BCG 가치창출경영기법을 활용한 국내 대기업의 사업 포트폴리오 검토 및 향후 전략방향 수정 프로젝트 수행
- 국내 대기업의 핵심 사업군 내 수익성 향상 개발 및 변화관리 프로젝트 수행
- 세계 유수 제조업체의 신규 유통망 구축, 판매전략 개발과 생산역량 향상전략

이성열
PwC 컨설팅 코리아 부사장
Global Partner, PricewaterhouseCoopers
연세대학교 졸업
마이애미 대학 MBA
네브래스카 주립대학, 경영정보학 박사
- 한국과 일본, 미국, 유럽 등 세계 주요 하이테크 기업들의 전략 및 Global SCM 프로젝트 컨설팅
- 현 PwC Asia-Pacific 지역의 SCP 분야 리더

이성용
베인 & 컴퍼니 서울사무소 부사장
미국 육군사관학교(West Point) 졸업
USC 우주공학 석사
하버드 비즈니스 스쿨 MBA
미국 국방부, CSC Index, A.T.커니 근무
구조조정, M&A, 자동차, 물류, 마케팅 전문가

정인철
A.T.커니 서울사무소 부사장
서울대학교 경영학 학사
서울대학교 석사 및 박사(국제경영 및 경영전략)
A.T.커니 한국 정보통신팀 및 전략팀 리더
Monitor Company Seoul 부사장
- 1989년부터 경쟁전략, 사업다각화 및 국제화 전략, 마케팅 전략 등 다양한 컨설팅 프로젝트 수행

비상경영—세계 9대 컨설팅사 긴급처방

공동기획 / 한국경제신문 기획부 · 한국컨설팅협회
펴낸이 / 김경태
펴낸곳 / 한국경제신문 한경BP
등록 / 제 2-315(1967. 5. 15)
제1판 1쇄 인쇄 / 2001년 11월 25일
제1판 1쇄 발행 / 2001년 12월 1일
주소 / 서울특별시 중구 중림동 441
기획출판팀 / 3604-553~6
영업마케팅팀 / 3604-561~2, 595
FAX / 3604-599

* 파본이나 잘못된 책은 바꿔 드립니다.
ISBN 89-475-2359-3

값 8,500원

한국경제신문 출판법인 한경BP의 책들
— 평생 한번은 꼭 읽어야 할 물과 공기 같은 책 —

권력이동
앨빈 토플러 지음 / 이규행 감역

21세기를 맞이해 폭력·부·지식 등 사회 각부문의 권력격변은 어떤 형태를 취하고 있는가? 이러한 격변은 어디에서 기인하는가? 앞으로 다가올 변화는 누가 어떻게 통제할 것인가? 세계 곳곳에서 일어나고 있는 권력의 대지진과 격변을 놀라운 통찰력으로 예견하고 있다.

양장 / 12,000원

미래쇼크
앨빈 토플러 지음 / 이규행 감역

인간에게 격심한 변화가 닥쳤을 때 인간은 도대체 어떤 상태에 이르게 될 것인가? 어떻게 하면 미래의 변화에 적응할 수 있을 것인가? 오늘의 현대인에게 미래의 충격적 상황을 예시하고 이를 극복할 방향을 제시하고 있는 역작. 미래 기술적·사회적 변화의 속도를 예감할 수 있는 구체적 내용을 담았다.

양장 / 10,000원

제3물결
앨빈 토플러 지음 / 이규행 감역

기존질서의 붕괴와 전자문명의 개막이 가져다 준 생활패턴의 변화라는 격랑에 현대인은 표류당하고 있다. 어떻게 이러한 새로운 시대의 질서와 생활패턴에 적응하고 나아가 이에 능동적으로 대처해 나갈 것인가를 예리한 문명비판적 시각에서 제시해 주고 있다.

양장 / 11,000원

전쟁과 반전쟁
앨빈 토플러 지음 / 이규행 감역

새로운 세기로 접어들고 있는 오늘의 지구촌에서 새 문명의 등장으로 촉발된 대규모 평화위협의 실상을 파악하고「신세계질서」의 이상형을 예측하고 있다. 전쟁과 반전쟁에 관한 저자의 방법론적 탁견은 전쟁을 예방하기 위한 평화적 해결책을 제시하고 신비한 미래사의 문을 활짝 열어주고 있다.

양장 / 9,500원

경영혁명
톰 피터스 지음 / 노부호 옮김

정보화사회는 불확실성이 심화된 사회로 기업경영의 경기규칙과 새로운 경영스타일 등 생존을 위한 변화는 가히 혁명적이라 할 수 있다. 이 책은 전통적 사고에 도전하고 조직이 사람을 위해 존재할 수 있도록 변화를 유도하는 45가지 경영 실천전략을 제시한 기업경영자의 「비즈니스 핸드북」이다.

양장 / 13,000원

해방경영
톰 피터스 지음 / 노부호 외 옮김

2000년대의 경영사조는 무엇이며, 이를 주도할 기업의 생존철학은 무엇인가? 장장 1,300여 페이지에 걸쳐 좋은 기업을 만들기 위한 조직의 창조적 파괴와 일반통념으로부터의 해방을 핵심테마로 다루고 있다. 자유분방한 필치와 수많은 은유, 패러독스가 곳곳에 번뜩여 방대한 분량임에도 불구하고 읽는 동안 재미와 해방감·지적 충족감을 더한다.

양장 / 19,000원

경영파괴
톰 피터스 지음 / 안중호 옮김

이제 리스트럭처링·리엔지니어링으로는 급변하는 시대를 이길 수 없다. 기업의 조직은 상상을 초월하는 혁신적인 네트워크형이 되어야 한다. 이 책은 기업을 운영하는 사람들이 재창조와 혁명을 향해 전진할 수 있도록 9개의 「넘어서」를 중심으로 구체적인 혁신방안을 제시한다. 변하지 않는 기업이나 조직은 망한다는 것이 저자의 한결같은 주장이다.

양장 / 8,500원

혁신경영
톰 피터스 지음 / 이진 옮김

팀, 권한위임, 리엔지니어링, 품질관련 책은 많은데 혁신에 관한 책은 왜 없는가? 혁신의 순환을 이루는 15개의 불연속적인 아이디어를 독특한 방식으로 설명하고 있다. 톰 피터스는 모든 조직이 지속적으로 혁신을 추구할 수 있도록 극단적이지만, 실용성 있는 가이드 라인을 제시하고 있다. 혁신이야말로 개인과 조직이 살아남는 최후의 생존전략이 될 것이다.

양장 / 15,000원

강대국의 흥망

폴 케네디 지음 / 이왈수 외 옮김

역사학자이자 미국 예일대 교수인 저자는 이 책에서 지난 5세기 동안에 전개되었던 강대국들의 흥망성쇠는 그들의 경제력과 군사력의 변화 추이에 따라 좌우되어 왔다고 진단하면서 다가오는 21세기에는 미국·소련·서유럽 등의 쇠퇴와 중국·일본 등 아시아 강국들의 부상을 예언하고 있다. 〈뉴욕 타임스〉 선정 최우수 도서.

양장 / 13,000원

21세기 준비

폴 케네디 지음 / 변도은·이왈수 옮김

우리에게 충격을 던졌던 「강대국의 흥망」 저자 폴 케네디 교수가 다가올 21세기 문명세계의 각종 위기를 명쾌히 분석·정리한 역저. 향후 30년 사이 우리에게 닥칠 도전들과 그 대응방법 그리고 인구폭발, 환경오염, 생명공학, 로봇, 통신수단, 가공할 파워의 양태 등을 특유의 통찰력으로 분석·예견하고 있다.

양장 / 11,000원

메가트렌드 2000

존 나이스비트 외 지음 / 김홍기 옮김

90년대는 정치개혁과 경이적인 기술혁신 등으로 인류에게 지금까지와 전혀 다른 변화양상을 안겨줄 것이다. 이 책은 90년대의 변화로 경제호전, 예술의 번영, 시장사회주의의 출현, 복지국가의 쇠퇴 등을 예시하고 있다. 과거 어둡고 비관적인 세기말적 변화보다는 밝고 새로운 흐름을 부각시키고 있다.

양장 / 9,800원

메가트렌드 아시아

존 나이스비트 지음 / 홍수원 옮김

미래예측가로 세계적 명성을 떨치고 있는 나이스비트는 21세기에는 아시아가 미국주도의 상품과 소비시장에 가장 중요한 경쟁자로 떠오를 것으로 내다보고 현재 역동적으로 변화하는 아시아의 모습을 8가지 트렌드로 분석했다. 특히 아시아와 세계라는 맥락 속에서 한국에 나타나고 있는 폭넓은 변화들을 살펴보고 한국이 아시아에 기여할 수 있는 방안도 짚고 있다.

양장 / 9,500원

20세기를 움직인 사상가들

기 소르망 지음 / 강위석 옮김

20세기 사상계에 결정적인 영향을 끼친 사람들은 과연 누구인가? 프랑스의 저명한 경제학자이자 사회학자인 기 소르망이 29명의 생존해 있는 현대 최고의 사상가들과 직접 인터뷰를 통해 그들 자신이 선택한 분야에 전 생애를 바친 사상과 사색의 놀라운 통찰을 기록·정리한 「살아있는 도서관」.

신국판 / 8,000원

자본주의 종말과 새 세기

기 소르망 지음 / 김정은 옮김

세계적인 석학인 저자는 자본주의 체제를 위협하는 것은 「도덕적 불만」과 「자본주의에 대한 몰이해」라고 주장하고 러시아·중국·독일·인도 등 20여개국의 자본주의의 현재 모습을 생생히 그리고 있다. 또한 현재의 자본주의의 위기를 극복하기 위한 구체적인 실천방안에 대해서도 통찰하고 있다. 방대한 분량인데도 르포형식이어서 전혀 지루하지 않다.

양장 / 13,000원

열린 세계와 문명창조

기 소르망 지음 / 박 선 옮김

서로 다른 문화가 충돌하는 유럽, 러시아, 중국, 일본, 아프리카, 라틴아메리카의 국경으로 우리를 이끈다. 서양인의 독백이나 나르시시즘이 아니라 바로 한반도에 대한 진단이며 치료제가 될 수 있다. 통독 이후의 문제, 북한의 실상과 우리의 미래, 미국화로 상징되는 맥몽드(McMonde)의 악몽 속에서 나름대로의 대응법을 찾을 수 있다.

양장 / 13,000원

편집광만이 살아남는다

앤드류 그로브 지음 / 유영수 옮김

인텔 불패(不敗) 신화의 주인공, 앤드류 그로브의 경영과 인생! 경쟁에서 이기기 위한 키워드 「편집광」을 주목하라. 지루함을 모르는 직장, 도전정신으로 머릿속이 꽉찬 편집광 직원들, 그리고 인텔에 대한 진솔한 이야기가 담겨 있다. 예리한 판단력과 관찰력을 겸비한 그로브는 첨단산업을 경영하는 데 필요한 이론으로 「전략적 변곡점」을 정립해 자세히 설명하고 있다.

양장 / 10,000원

미래기업

피터 드러커 지음 / 고병국 옮김

우리 시대의 가장 뛰어난 사회·경영학자이자 미래학자인 드러커의 「변혁시대 기업생존전략 연구서」! 세계경제가 빠르게 바뀌어 감에 따라 기업의 새로운 생존 경영전략 모델, 즉 기업이 살아남기 위한 5가지 변화조건을 예리하게 분석·고찰했다. 특히 사회·경제학 시각에서 세계경제 흐름을 독특하고 분석적으로 통찰했다.

양장/9,500원

자본주의 이후의 사회

피터 드러커 지음 / 이재규 옮김

사회주의권의 급격한 몰락 이후 탈냉전 분위기가 고조되고 있는 시점에서 향후 세계 변화가 주요 관심사로 떠오르고 있다. 저자는 향후 세계는 자본주의적 시장구조와 기구는 그대로 존속되겠지만 주권국가의 통제력은 약화되고 전문지식을 갖춘 지식경영자 중심의 글로벌화 사회가 될 것으로 예측하고 있다.

양장/9,000원

미래의 결단

피터 드러커 지음 / 이재규 옮김

현대 경영학의 대부, 피터 드러커는 이 책에서 「스스로를 다시 생각함으로써 회생할 수 있다」고 전제하고 기업의 5가지 치명적 실수, 가족기업을 경영하는 규칙, 대통령을 위한 6가지 규칙, 새로운 국제시장의 개발, 3가지 종류의 팀조직, 오늘날 경영자들이 필요로 하는 정보 등 바람직한 미래를 실현하기 위한 방안을 제시했다. 21세기를 위한 새롭고 시의적절한 경영지침서.

양장/9,000원

비영리단체의 경영

피터 드러커 지음 / 현영하 옮김

선진국에서는 학교, 자선단체 등 비영리단체의 경영혁신이 선풍을 일으키고 있다. 이 책은 필자가 교수생활을 하면서 비영리단체에서 봉사했던 경험을 바탕으로 조직관리, 예산 등 경영전반에 대한 문제점을 심도있게 분석하고 개선방안을 제시했다. 전문가들과의 대담을 통해 경영의 효율성을 높이기 위한 여러가지 방안이 눈길을 끈다.

신국판/8,000원

21세기 지식경영

피터 드러커 지음 / 이재규 옮김

새로운 경영 패러다임이 경영의 원칙과 관련한 기본가정을 어떻게 변화시켜 왔는지, 또 어떻게 계속 변화시킬 것인지에 대해 통찰하고 있다. 앞으로 수십년 아니 수년내에 틀림없이 일어날 여러 문제에 대처하지 못한다면 혼란의 시대, 구조변화의 시대, 전환기의 시대에 생존할 수 없다는 드러커의 마지막 경고는 반드시 귀담아 들어야 할 것이다.

양장/13,000원

미래의 조직

피터 드러커 외 지음 / 이재규 옮김

경영학의 두 거물인 피터 드러커가 서문을 쓰고 찰스 핸디가 결론을 내린 미래조직의 최종완성판! 당대 최고의 경영학자, 실무자, 컨설턴트가 참여한 이 책에는 미래 조직이 존속하고 번영하려면 조직과 지도자가 어디에 언제, 그리고 어떻게 변해야 하는지 각 분야별로 실질적인 조언을 하고 있다. 특히 정부, 기업, 사회단체 등 모든 인간조직의 미래모습에 대해 통찰력있는 비전을 제시하고 있다.

양장/13,000원

자본주의 이후 사회의 지식경영자

피터 드러커 지음 / 이재규 옮김

20세기가 낳은 가장 위대한 경영학자인 드러커 교수는 정보(information)가 권위를 대신하고 보고(report)가 사라진 조직에서 적응하기 위해 경영자들이 어떻게 해야 하는지 그 해답을 제시한다. 새롭게 도래하고 있는 미래 조직에서의 효과적인 의사결정방법, 경영혁신의 체계적인 관리와 함께 지식경제에서 경영자가 직면할 구체적인 도전, 지식근로자의 생산성 향상을 위한 동기부여에 대해 충고하고 있다.

양장/10,000원

트러스트

프랜시스 후쿠야마 지음 / 구승회 옮김

한 나라의 경제는 규모만으로는 설명될 수 없고 문화적 요인이 중요하다. 이 문화적 요인이 사회적 자본이며 가장 중요한 덕목이 바로 신뢰이다. 저자는 이 책에서 개인주의, 가족주의에 기반을 둔 저신뢰 사회의 특성을 혹독하게 비판하면서 건강한 사회가 되려면 공동체적 연대와 결속의 기술을 터득해야 하며 신뢰는 경제와 사회, 문화를 아우르는 놀라운 가치라고 강조한다.

양장/12,000원

코피티션
배리 네일버프 외 지음 / 김광전 옮김

비즈니스 게임은 끊임없이 변하므로 전략도 당연히 변해야 한다. 경쟁(competition)과 협력(cooperation)에 관한 과거의 법칙들을 넘어서서 양자의 장점을 결합한 코피티션 전략은 기존의 비즈니스 게임을 혁신할 혁명적인 신사고다. 저자들은 게임 자체를 변화시켜서 이득을 최대화하는 방법을 보여주는 5가지 요소(전략의 PARTS)의 비즈니스 전략을 체계적으로 제시했다.

양장/9,000원

회사인간의 흥망
앤소니 샘슨 지음 / 이재규 옮김

이 책은 17세기 동인도 회사에서 현재의 마이크로소프트사에 이르기까지 기업의 변화과정과 직장인들의 문화변천사를 통해 회사인간이란 무엇인가를 규명했다. 생생한 인물묘사와 인터뷰, 사례를 곁들이면서 전혀 도전받을 일이 없을 듯이 보였던 「기업관료들」이 어떻게 레이더스, 모험기업가, 일본의 경쟁자들, 컴퓨터, 여자 회사인간들에 의해 차례차례 공격당했는가를 밝히고 있다.

양장/9,800원

팝 인터내셔널리즘
폴 크루그먼 지음 / 김광전 옮김

산업위축과 실업증가, 실질소득 향상의 문화를 비롯해 소득격차의 확대, 산업시설의 유출 등 선진경제가 지닌 문제점을 상세히 분석하고 그 원인이 개발도상국과의 교역에 있는 것이 아니라 선진국의 산업구조 변화와 기술발전에 있다고 밝히고 있다. 레스터 서로에 필적하는 20세기 최고의 경제학자인 저자가 지적하는 개도국 성장 비결은 우리에게 시사하는 바가 크다.

신국판/7,000원

2020년
해미시 맥레이 지음 / 김광전 옮김

다양한 인종만큼이나 상이한 정치·경제체제와 독특한 문화양식을 지니고 있는 세계 각국은 저마다의 주무기를 앞세워 미래를 설계하고 있다. 경제평론가인 저자는 앞으로 국가경쟁력을 결정짓는 요인은 기술이 아니라 문화라고 강조한다. 현재 세계 각국이 처해있는 상황을 바탕으로 치밀하게 전망한 2020년경의 세계 각국의 모습에서 우리의 진로는 어떻게 모색해야 할 것인가?

양장/9,000원

제4물결
허먼 메이너드 2세, 수전 E.머턴스 지음 / 한영환 옮김

21세기 범세계적 기업을 위한 낙관적 비전을 제시하고 있는 이 책은 한마디로 앨빈 토플러의《제3물결》을 넘어 장기적 미래의 비전에 집중하고 있다. 지금 우리는 공업화를 상징하는 「제2물결」에서 탈공업화적인 「제3물결」로 전이하고 있지만, 머지 않은 곳에서 새로운 차원의 「제4물결」이 밀려오고 있다고 진단하고 있다.

양장/4×6판/5,000원

소명으로서의 기업
마이클 노박 지음 / 김진현 감역

실업과 빈곤의 해결책은 무엇일까. 마이클 노박은 종교적 윤리 기반위에 선 민간기업만이 그 해결책이 될 것이라고 명쾌하게 주장한다. 민주자본주의하에서 신학적·윤리적 기초를 갖는 기업이야말로 이윤창출기관인 동시에 민주주의와 인권을 증진시키는 기관이며 사회공동체를 만드는 기관이다. 기업의 위치, 정신의 설정과 사회관계 정립에 등불이 될 내용들이 가득하다.

신국판/7,000원

21세기 오디세이
마이클 더투조스 지음 / 이재규 옮김

20년 동안 기술 전도사, 기업가, 경영 컨설턴트로서 정보혁명을 이끌어온 마이클 더투조스는 농업혁명과 산업혁명을 밀어낼 제3의 정보혁명에 대해 보다 폭넓은 관점을 제시한다. 저자는 21세기 글로벌 정보시장의 생생한 모습을 보여 주는 한편, 그 기술적인 문제점들을 폭로하고 한편으로 해결책을 제시하여, 영감에 가득찬 미래의 청사진을 제공한다. 보디넷, 전자 코, 촉각 인터페이스의 미래를……

양장/12,000원

21세기를 여는 7가지 키워드
오마에 겐이치 지음 / 임승혁 옮김

다가오는 21세기에는 서구 선진국의 뒤만을 쫓을 수는 없다. 그들을 앞서 나가기 위해서는 지금까지와는 다른 창의적인 발상, 새로운 전략, 확실한 준비가 필요하다. 21세기를 능동적으로 맞이하려는 사람들에게 띄우는 오마에 겐이치의 독특한 키워드. 1.시간축 발상 2.신커뮤니케이션론 3.자유재량시간 4.글로벌경쟁시대 5.정보발신시스템 6.이미지전략 7.네트워크의 힘

양장/4×6판/6,500원

신창조론
이면우 지음

미증유의 경제위기를 맞은 한국, 한국인, 한국기업은 어디로 가야 하는가? IMF는 변화를 모르는 기업전통, 말만 많은 우매한 현자들의 득세, 재벌의 출혈경쟁, 모방으로 날새는 제조업, 부서이기주의에 찌든 업무절차 등 우리의 병세를 알려 준 고마운 의사다. 난장의 활기, 국가적 비전, 중소기업 활성화, 가상연구소, 동북아 경제 네트워크(신창조론)가 강력한 치료약이 될 것이다.

신국판/8,000원

내인생 내가 살지
서상록 지음

예순둘의 나이에 대기업그룹 부회장에서 식당 견습웨이터로 변신한 서상록씨의 자전에세이. 그는 이 책을 통해 왜 최고경영자의 위치에서 모두들 하찮게 여기는 식당 견습웨이터를 하게 되었는지, 그의 평범하지 않은 인생을 감칠맛나게 들려주고 있다. 더불어 인생의 눈높이를 낮춰 하고 싶은 일을 하면서 누구보다 즐겁게 살라는 충고도 들려준다.

신국판/7,800원

유머인생 1~6
한국경제신문 출판부 편

많은 독자들이 1980년 12월부터 본지에 연재되고 있는 「해외유머」를 책으로 출판하면 어떨지, 그런 계획은 없는지 물어왔다. 이 책은 독자들의 그러한 성원에 보답하자는 취지로 출판되었으며 우스갯소리 가운데서 인생의 묘미도 느끼고 영어 공부도 할 수 있게끔 어려운 단어나 어구에는 주석을 달아 독자들의 이해를 돕고자 노력했다.

4X6판/각권 4,500원

성공적인 점포경영 33선
류광선 지음

5,000만원 정도의 소자본으로, 심지어 무자본으로도 사업을 시작할 수 있는 아이디어를 담았다. 저자가 현장을 발로 뛰면서 바로 개업하기에 유망한 33개 업종을 선별, 입지선정부터 개업절차·경영 비법까지 최신 노하우를 총집결시켰다. 경영지침이나 사업의 성패진단법은 물론 직접 점포를 운영하는 사람들의 현장 목소리를 담아 차별화를 꾀했다.

신국판/9,000원

실전 부동산 경매
전 철 지음

법원경매든 성업공사 공매든 경매는 이제 누구나 쉽게 배우고 참여할 수 있게 되었다. 경매물건에 대한 마음가짐을 얼마나 유연하고 객관적인 자세로 평가할 수 있느냐가 성공의 지름길이다. 이 책은 부동산 경매에 대한 전반적인 원리를 누구나 알기쉽게 배울 수 있도록 설명했다. 실전사례중심으로 실패없는 부동산 경매 방법을 체계적으로 정리한 실전 가이드.

신국판/12,000원

사장님을 위한 5분 경제
손정식 지음

경영일선에 있는 경영자가 매일매일 직면하는 경제·경영현상에 대해 기본적인 원리를 설명한 이 책은 경제현상을 올바로 이해하여 기업경영의 이론적 토대를 튼튼히 하는데 보탬이 되는 경제상식들만 모았다. 가격관리와 비용관리에서부터 기업전략, 경쟁과 윤리, 기업과 금융, 국제무역과 국제금융에 이르기까지 꼭 알고 있어야 할 경제원리들을 강의하듯 풀어서 설명했다.

신국판/8,500원

새노동법 해설
(개정판)
윤욱현 지음

노동법이 전면 개정되었다. 개정 노동법은 개별적 노동관계법의 대명사인 근로기준법상의 변형근로시간제, 정리해고제 등을 도입하고 집단적 노동관계법에서 금지됐던 복수노조, 제3자개입, 정치활동 등을 허용했다. 이 책은 저자가 현장에서 직접 느끼고 체험한 노사간의 문제점들을 살펴보고 개정 노동법 전반을 알기 쉽게 해설한 책이다.

신국판/11,000원

금융시장 예측
김성우 지음

주식, 금리, 상품 등의 현물시장은 물론 선물 및 옵션 등의 파생상품시장에서도 생존할 수 있는 방법을 다양하게 제시하고 있다. 20여년간 외환시장 등 다양한 시장에서 딜러, 투자가, 분석가로 활동하며 풍부한 현장경험을 가지고 있는 저자가 시장상황에 따른 기술적 지표의 분석요령과 심리적 동요의 극복방안을 현장사례 중심으로 상세히 설명하고 있다.

양장/12,000원

걱정하지 말고 살아라

리처드 칼슨 지음 / 채선영 옮김

스트레스 컨설턴트이자, 강연가인 리처드 칼슨이 풍요롭고 즐거운 인생을 창조하는 100가지 아이디어를 알려준다. 걱정이 사라졌을 때 어떤 멋진 인생이 펼쳐질지 따뜻하면서도 설득력있는 문체로 읽는 사람을 격려하고 있는 이 책은 걱정과 불안으로 마음을 어지럽힐 것이 아니라 결심과 실천으로 이어지도록 마술과도 같은 삶의 방법들을 제공하고 있다.

신국판 / 8,000원

시간이동

스테판 레트사폰 지음 / 형선호 옮김

사람들에게 있어서 시간은 객관적인 것이 아니라 주관적인 것이다. 이 책에서 저자는 시간에 대한 사고방식을 바꿈으로써 자신의 인생에 대한 통제를 되찾을 수 있다고 강조한다. 그 과정을 통해 우리는 인생을 최대한 즐길 수 있으며 많은 시간을 자신과 가족과 함께 더 한층 고양된 삶의 의미를 느낄 수 있다. 이 책은 명상서로서 자신의 삶을 컨트롤하는 방법을 제시한다.

신국판 / 9,000원

마음을 치유하는 79가지 지혜

레이첼 나오미 레멘 지음 / 채선영 옮김

정신분석학자로서 영혼의 연금술사로 평가받는 저자는 보다 큰 평화를 가져다주는 것은 우리가 서 있는 바로 이곳, 또 이곳에서 만나는 사람들을 있는 그대로 받아들일 수 있게 해줄 치료제, 즉 영혼을 위한 약이 필요하다는데 초점을 맞추고 있다. 저자의 따뜻한 식탁의자에 영혼이 충만한 의사와 환자, 그리고 동료들이 둘러앉아 나누는 그들의 삶은 무한한 가능성의 목소리로 들린다.

신국판 / 7,500원

밀레니엄

펠리프 페르난데스 아메스토 지음 / 허종열 옮김

지난 1000년을 마감하고 다음 1000년을 준비하기 위해, 한 시대를 평가하기 보다는 새로운 시대를 창조하려는 의도로 쓴 이 책은 유럽 중심적인 위장된 세계사가 아닌 진정한 세계사 정립을 위해 역사이면을 자리매김하려고 노력했다. 인류역사의 주도권, 즉 민족의 힘은 태평양 주변국가에서 대서양으로 다시 태평양으로 옮아가고 있다고 주장하고 있다.

전2권 / 양장 / 각권 12,000원

복잡계란 무엇인가

요시나가 요시마사 지음 / 주명갑 옮김

『무수한 구성요소로 이루어진 한 덩어리의 집단으로 각 부분의 움직임이 총화이상으로 무엇인가 독자적인 행동을 보이는 것』으로 정의되는 복잡계, 복잡계 과학은 「잃어버린 세계로의 여행」이 될 것이다. 복잡계의 과학은 그 꿈을 현실화시킬지도 모른다. 21세기를 주도하게 될 최첨단 키워드, 복잡계의 모든 것을 담았다.

양장 / 4×6판 / 7,000원

복잡계 경영

다사카 히로시 지음 / 주명갑 옮김

복잡계 이론이 예언하는 21세기적 경영의 모든 것이 여기 있다. 복잡계는 세기말의 혼돈 속에 지식의 최첨단 이론으로 등장, 구미지역에서 폭발적인 관심을 끌고 있다. 이 이론은 세계를 몇 개의 단순한 요소로 환원할 수 없는 '부분 이상의 총화', 자기조직화의 동적 프로세스로 이해한다. 또 세계관의 근본적인 변화를 통해 탈근대시대의 새로운 경영, 경영자를 위한 경영학의 혁명을 꿈꾼다.

양장 / 4×6판 / 6,500원

세계를 움직인 경제학 명저 88

네이 마사히로 지음 / 이균 옮김

한치 앞도 예측하기 어려운 경제. 환율, 주가, 금리… 어느 하나 앞을 내다보기 어렵기만 하다. 지금까지의 경제논리로는 더이상 예측하기 불가능하다. 여기 17세기의 페티에서 20세기 경제학의 거두 스티글리츠까지 경제의 흐름을 읽기 위해, 그리고 예측하기 위해 고뇌했던 수많은 경제학자들이 있다. 세상을 움직이던 일류 경제학자들이 피와 땀으로 써내려간 역작들을 통해 경제의 흐름을 짚어볼 수 있다.

신국판 / 9,500원

비즈니스 사회에서 가르쳐주지 않는 60가지

나카타니 아키히로 지음 / 이선희 옮김

회사에서는 학교처럼 음식을 입에다 떠먹여주듯이 친절하게 가르쳐주지 않는다. 회사는 방대한 교과서와 같다. 그곳에서 배우느냐, 배우지 못하느냐는 것은 모두 이 책을 읽는 당신에게 달려 있다. 이 책에는 회사인으로서 최소한 지켜야 할, 최소한 알아야 할, 그리고 최소한 갖추어야 할 비즈니스 사회에 필요한 성공발상을 저자 특유의 감각적인 문체로 펼쳐보이고 있다.

신국판 / 7,500원

리스크

피터 번스타인 지음 /
안진환 외 옮김

세계적인 경영 컨설턴트인 저자가 리스크의 역사와 발전과정을 담았다. 탁월한 통찰력으로 현재의 시점에서 미래를 다루는 방법을 밝혀낸 여러 사상가들의 이야기가 담겨 있다. 그리스시대부터 현재까지 인류의 다양한 위기의 순간들과 이를 헤쳐나가는 과정을 역사와 철학, 경제학 관점에서 돌아본다. 투자나 선택이 일상인 경영자들을 위한 책이다.

양장 / 12,000원

중산층이 살아야 나라가 산다

에드먼드 펠프스 지음 / 신동욱 옮김

자본주의의 야수성과 복지제도의 단면에서 비롯된 중산층의 붕괴는 우리를 당황하게 한다. 이 책은 바로 중산층이 살아야 내가 살고 지역사회가 살고 나라가 살고 더 나아가 민주주의와 자본주의가 산다는 인식 위에서 씌어졌다. 국민의 정부 제2기 복지정책의 기초가 된 이 책은 장기적으로 인류 모두에게 혜택을 줄 자유시장 경제체제와 기술진보를 가능케 해주는 유일한 길을 설파하고 있다.

신국판 / 8,500원

지구의 변경지대

로버트 케이플런 지음/황 건 옮김

베일에 가려져 있던 서아프리카에서 중동을 거쳐 러시아의 외곽지대인 중앙아시아, 중국, 인도를 거쳐 캄보디아, 태국, 베트남에 이르는 대장정을 끝내고 저자가 내린 결론은 한마디로 암울하다는 것이다. 저자는 새로운 분쟁지역으로 떠오르고 있는 지구 곳곳을 다니면서 문제점을 지적하고 혼란에 빠진 이들에게도 따뜻한 시선을 보내자고 제안하고 있다.

양장 / 12,000원

대기업을 이기는 벤처비즈니스

마키노 노보루·강동우 지음 / 유세준 옮김

첨단 기술력과 재빠른 정보수집력을 갖춘 모험심 강한 중소기업이 대기업보다 훨씬 더 유연하게 시장상황에 대처하고 있으며 성공하고 있다. 마이크로소프트, 인텔 등이 그 예다. 이 책은 재편되고 있는 경제구조 속에서 앞서 나가고 있는 일본 벤처기업들의 사례와 실리콘밸리의 성공전략을 살펴보고 틈새시장을 공략하는 요령과 아이디어, 국제적 제휴전략 등을 다루고 있다.

신국판 / 5,500원

경제학은 없다

미첼 무솔리노 지음 / 김찬우 옮김

경제학자들의 수많은 예측의 오류 중에는 몇몇은 유명해졌고 그보다 많은 수의 오류는 잊혀졌다. 프랑스에서 화제를 불러일으켰던 이 책에서 저자는 20세기 모든 위대한 예견과 모든 환상을 신랄하게 공격하고 있다. 주류 경제학의 일반론을 분해하고 실업과 생산성에 대한 허튼소리와 거짓말, 그리고 시장법칙에 이르기까지 현대 초자본주의의 속성들을 발가벗기고 있다.

신국판 / 8,000원

기업경영에 창의력을 길러주는 50가지 키워드

톰 램버트 지음 / 정규석 옮김

이 책은 기업에 관여하는 사람이 기획나 문제에 직면했을 때 잘못된 것을 바로잡고 창의력을 고양시킬 수 있게 해주는 문제해결기법으로 가득하다. 경영자들에 최저의 노력과 최저의 비용으로 최단시간내에 필수적인 과제들을 해결하는데 필요한 도구와 점검목록, 직무 지시사항이 담겨 있다. 내일 성공하려면 벤치마킹하지 말고 오늘 도약하라는 것이 이 책의 결론이다.

신국판 / 10,000원

골프란 무엇인가

김홍구 지음

세계에서 가장 쉽고 재미있는 골프책을 목표로 연애소설을 쓰듯이 재미있게 쓴 책이다. 80대 초반 굳히기, 70대 진입하기 등 현 수준에서의 구체적 도약 방법이 설명된다. 완결편은 통계나 속성 차원에서 접근한 상당한 수준의 골프 분석이다. 입문자라면 처음부터, 구력이 5년 이상됐고 성질이 급한 골퍼는 13번홀부터, 프로만큼의 플레이를 하려면 16번홀로, 머리가 아프면 4번홀로 가서 마음껏 웃으면 된다.

양장 / 11,000원

타이거 우즈 스윙의 비밀

존 안드리사니 지음 / 김홍구 옮김

타이거 우즈의 스윙 테크닉은 너무도 쉽기 때문에 어떤 아마추어 골퍼라도 응용할 수 있다. 우즈는 아놀드 파머와 같은 카리스마와 벤 호건의 집중력, 샘 스니드의 운동 능력, 잭 니클로스의 멘탈 지배력, 닉 팔도의 탁월한 매니지먼트 능력을 그대로 간직하고 있다. 우즈 스윙의 모든 비밀이 담겨 있는 이 책을 통해 우즈 스윙을 카피하게 된다면 당신의 볼은 두말할 것 없이 까마득히 날아갈 것이다.

양장 / 4×6판 / 9,000원

주식시장 흐름 읽는 법
우라가미 구니오 지음 / 박승원 옮김

언뜻 보기에 무질서하고 예측이 불가능해 보이는 주식시장도 장기적으로 보면 특정한 네 개의 국면을 반복하고 있다는 것을 알 수 있다. 이 책은 이 네 개의 국면이 어떤 요인에 의해 순환되고 각각의 국면에서 어떤 종목이 활약하는가를 숙지할 수 있는 안목을 제시해주고 주식투자시 리스크를 피하는 방법에 대해서도 설명하고 있다.

신국판/5,500원

증시테마 알아야 주식투자 성공한다
안창희 지음

이 책은 주식투자자들이 어떤 상황에서 어떤 종목을 사고 팔아야 수익을 올릴 수 있는지 그 구체적인 방법을 제시한다. 더불어 투자이론이 실제 상황에서는 어떻게 적용되고, 앞으로 전개될 상황에서는 어떻게 대응해야 할지를 분석, 정리했다. 특히 실제 일어났던 증시상황에 대한 분석은 물론, 전망까지 곁들여 주식초보자라도 쉽게 이해할 수 있도록 했다.

신국판/9,800원

주식@ 살 때와 팔 때
한국경제신문 증권부 지음

증권투자는 사는 기술이 아니라 파는 예술이다. 기관투자가를 두려워할 필요는 없다. 수익률이 오르지 않아 밤잠을 못이루는 것은 오히려 그들이다. 단기필마야말로 혼돈의 전쟁터에서 자신을 지키는 방법이며 주식투자로 성공할 확률은 개인투자자들이 높다. 한국경제신문 증권부가 개인투자가들을 지원하기 위해 펴낸 이 책을 통해 확실한 재테크의 길을 찾아보자.

신국판/9,000원

선물시장 흐름 읽는 법
현대선물 지음

이제 선물을 모르고는 주식, 채권 등 투자를 제대로 할 수 없는 세상이 되었다. 선물시장은 특정상품의 가격 수준에 대해 생각을 달리하는 사람들이 생사를 건 전쟁터다. 그동안 어렵게만 느껴졌던 선물거래를 일반인들이 이해하기 쉽도록 만화로 꾸몄다. 읽다보면 선물거래의 기본개념에서부터 선물거래의 실전투자 및 매매 타이밍까지 단번에 이해할 수 있도록 재미있는 스토리를 곁들여 설명했다.

신국판/7,000원

금융혁명 ABS
자산유동화 실무위원회 지음

자산유동화(ABS)제도에 대해 자산유동화 거래실무에 종사하는 국내외금융기관의 담당자, 전문변호사, 정책입안을 담당하는 재경부와 금융감독원의 관계자들이 함께 참여하여 알기 쉽게 종합적으로 풀어썼다. ABS에 관련된 각 분야를 사례중심으로 현장감 있게 분석 정리했고 법률 축조해설까지 곁들여 누구나 쉽게 실전에 활용할 수 있도록 했다.

양장/20,000원

월가 천재소년의 100가지 투자법칙
맷 세토 지음 / 형선호 옮김

10대 천재소년 맷 세토가 세운 뮤추얼 펀드의 연간 수익률은 단연 압도적이다. 이 소년은 〈월 스트리트 저널〉의 표지인물로 등장한 바 있으며, 전세계 투자자들이 조언을 듣기 위해 애쓴다. 17세에 억대 부자가 된 맷 세토가 100가지의 성공적인 주식투자 비법을 소개한다. 신선하고 반짝이는 그의 투자전략은 폭락과 반전을 거듭하는 우리 주식시장에서 성공을 보장할 것이다.

신국판/8,500원

뮤추얼펀드 투자가이드
한국펀드평가 지음

뮤추얼펀드는 주식형수익증권, 외국인과 함께 주식시장의 큰손이다. 그들이 어떤 종목에 관심을 갖고 매수하며 어느 정도 보유한 뒤 매도하는가? 한국펀드평가(주)가 국내 최초로 뮤추얼펀드 69개를 집중 분석한 이 책은 펀드매니저는 물론이고 증권사 종사자, 뮤추얼펀드에 새로 가입하려는 투자자에게 매우 유익한 지침서가 될 것이다. 국내최초의 펴낸 뮤추얼펀드 종합 분석 전략 가이드.

신국판/15,000원

맥킨지 금융보고서
맥킨지 금융팀 지음

20년간 아시아 금융시스템을 분석, 컨설팅해온 맥킨지 금융팀은 21세기 한국을 비롯한 아시아의 은행 및 금융시스템이 어떤 도전을 받을 것이며 어떤 새로운 기회가 도래할 것인지 2010년까지의 금융 패러다임을 예측하고 있다. 금융시장의 어제와 오늘 그리고 미래를 열어가는데 없어서는 안될 미래지향적 금융산업 구축에 과연 무엇이 필요한지 그 비결을 담고 있다.

신국판/18,000원